KB113618

위대한 어머니 여신

사라진 여신들의 역사

차례
Contents

태초에 여신이 있었다

　'태초에 여신이 있었다.' 이것은 전혀 새로운 이야기가 아니다. 왜냐하면 실제로 인간이 발견한 최초의 신성은 여성성이었기 때문이다. 구석기 시대의 유적과 유물들을 살펴보면 인류가 최초의 신을 '여성'으로 표상했다는 것을 알 수 있다. 이 세계와 우주를 생성하고 지배하는 여신은 흔히 위대한 어머니 여신이라 불린다. 그러나 '위대한 어머니 여신' 자체만을 놓고 볼 때 아직까지 우리에겐 '왜 위대한가' 혹은 '왜 어머니 여신인가'라는 의문에 앞서 그 개념이 낯설 뿐만 아니라 '여신'이라는 이미지조차 떠올리기 쉽지 않다. 아마도 우리 시대의 종교에는 여신이 거의 등장하지 않기 때문일 것이다. 물론 이것은 우리가 여신을 필요로 하지 않는다는 것과는 다른 말이다.

과연 여신은 존재하는가?

사실 우리는 아주 간단하고 단순하게 이 시대에 '여신은 존재하지 않는다'라고 대답할 수 있다. 그럼에도 불구하고 여전히 이러한 질문이 의미있는 이유는 우리가 소위 '여신이 없는' 혹은 '여신이 죽은' 시대에 살고 있기 때문이다. 여기서 '여신이 죽은 시대'는 현 세계에서 신화를 대신하고 있는 세계 3대 종교, '기독교'와 '불교', '이슬람교'에 한정한 정의이다. 그래서 우리는 이 시대에 여신이 존재하지 않는 것에 대해 다시 질문을 던질 수 있는 것이다. 왜 우리 시대의 신화와 종교에는 여신이 존재하지 않는가? 더욱이 왜 이제까지 우리는 여신이 존재하지 않는 종교에 대해 아무런 의문을 제기하지 않았는가?

일반적으로 '신'을 말할 때 우리는 미켈란젤로의 「천지창조」에 등장하는 하느님과 같이 허연 수염을 가진 인물이나, 레오나르도 다빈치의 「최후의 만찬」에 등장하는 예수와 같이 검은 수염이 난 인물과 유사한 모습을 떠올릴 것이다. 그들은 모두 남성의 모습을 한 신이다. 한번 생각해 보라! 우리는 과연 어떠한 여신의 모습을 그릴 수 있는가? 현대 종교에 등장하는 이브, 마리아, 마야 부인 등은 모두 '여인'일 뿐 '여신'은 아니다. 아무도 여신에 대해 말하지 않으며 표현하지도 않는다. 하물며 여성적 이미지의 신을 떠올린다는 것은 거의 불가능하다.

물론 고대부터 다양한 문화와 전통을 이어받은 많은 소수 민족 혹은 약소 민족의 신화에까지 관심의 폭을 확대시킨다면 상황은 완전히 달라질 것이다. 아주 오래된 역사와 문화를 가진 민족의 신화와 종교의 대부분은 여신이 등장하기 때문이다. 가령 인도나 그리스의 경우만 보더라도 남신과 여신이 함께 존재했다. 따라서 우리는 강력하고 위엄있는 아테나 여신이나 아름다운 아프로디테 여신을 자유롭게 떠올릴 수 있을 것이다. 비록 왜곡된 형태이긴 하지만 고대에는 여신들이 존재했다. 그러나 이제 여신은 사라졌다. 지금은 아무도 그들을 믿지 않는다. 단지 문학이나 예술에서 아주 흥미로운 '이야기'로서 다뤄질 뿐이지 아무도 종교적 대상으로 여신을 숭배하지 않는다.

우리 시대의 신화와 종교에 여신이 존재하지 않는 이유는 무엇일까? 그 이유는 우리의 신화와 종교가 극단적인 형태의 가부장제에 기인하고 있기 때문이다. 그것의 중심은 '아버지'이고, 때로는 아들이기도 하다. 그리하여 여신의 형태가 어머니든 딸이든 전혀 등장하지 않는다. 여성은 단지 인간의 어머니로만 나타날 뿐이다. 오히려 여성적인 것은 악 자체나 악의 원인 등의 부정적인 관점에서 인식되기도 한다. 물론 모든 형태의 가부장제 종교가 여신을 배제하는 것은 아니다. 그러나 대부분의 경우에 전혀 여신이 존재하지 않으며, 만일 존재하더라도 소극적이거나 부정적인 측면을 대변하는 존재로 남아 있다.

도대체 여신이란 무엇인가?

최초의 신은 위대한 어머니 여신의 이미지로 등장한다. 여신은 단지 남신의 대립적인 존재로 나타나게 된 것이 아니다. 오히려 인류의 역사를 보면 정반대로 나타난다. 즉 여신이 먼저 등장하고 남신은 여신에게 대립적이거나 보완적으로 나중에 등장한다. 그렇지만 최초의 어머니 여신은 단순히 '여성성'만이 아닌 '남성성'도 포함하고 있었다. 즉 위대한 어머니 여신은 모든 생명의 원천으로서 자체 내에 여성성과 남성성의 원리를 모두 가진 하나의 완전한 신성으로 존재한다.

구석기가 지나면서 위대한 여신은 자신 안의 대립적 요소들이나 유사한 요소들을 분리하는 방식으로 다양한 종류의 신들을 생기게 하였다. 단일한 존재로서 위대한 여신은 어머니와 딸로 분화되고, 때로는 어머니와 아들 혹은 남편으로 분화된 것이다. 위대한 여신은 자식을 낳는 방식으로 자신의 고유한 기능과 능력을 분화시켜간다. 그리하여 그녀는 위대한 '어머니' 여신으로 불리는 것이다. 그러나 신의 이미지는 점차 여신에서 남신으로 변화되었다. 즉 위대한 어머니 여신은 다양한 여신과 남신의 공존을 거쳐 위대한 아버지 신으로 변해왔다. 이것은 바로 인간이 세계를 이해하는 방식이 달라졌기 때문이다. 인간은 자신의 인식 능력의 한계 내에서 신을 이해할 수밖에 없다. 비록 인간이 자신의 한계를 넘어서는 초월적 사유 능력을 가졌다고 할지라도 말이다.

사실 우리가 신을 여신으로 표상하든지 혹은 남신으로 표상하든지는 그리 중요하지 않다. 왜냐하면 신 자체는 여성이나 남성으로 존재하지 않을 수 있기 때문이다. 신은 초월적인 존재인 것이다. 따라서 신은 단순히 여성이나 남성으로 한정되지 않는 존재이다. 실제로 '여신' 혹은 '남신'이라는 말이나 '어머니' 신 혹은 '아버지' 신이라는 말은 우리가 신을 쉽게 이해하기 위해 사용한 도구에 불과할 뿐이다. 즉 그것은 비유이자 은유이며 상징일 뿐이다. 우리가 대상 세계를 어떠한 방식으로 바라보는가에 따라 신은 여성의 이미지로 나타날 수도 있고 또한 남성의 이미지로 나타날 수도 있는 것이다.

왜 신은 아버지여야 하는가?

그러나 무엇보다도 여기서 우리가 가장 경계해야 할 문제는 처음에는 단순히 비유적인 신의 이미지가 나중에는 특정한 종교 경전 속에 문자로 정착되면서 이데올로기화된다는 것이다. 가령 '하느님 아버지'라는 단순한 표현도 오랜 세월 동안 문자화되면서, 우리는 신 존재를 '남성적' 이미지로만 떠올리게 된 것이다. 또한 최초의 여성 '이브'에 대한 묘사가 인간 존재에 대한 비유적 설명으로 인식되지 않고 여성의 일반적 특징으로 왜곡되어 '여성은 열등한 존재'이거나 '여성은 악의 원천'이라는 인식이 이천 년 이상 팽배해왔다. 즉 신을 표현하는 비유적인 언어의 의미보다는 언어 자체에 집착하여 종교의 기본적인 목적에 위배되는 차별과 반목 및 소외를 유발하게 된다는 점이다. 우리는 이미 이러한 위험한 논리에 의해 성 차별, 인종 차별, 종교 전쟁 등 수많은 반종교적인 행위에 내몰

려졌던 경험이 있다.

왜, 우리는 여신을 말하는가?

내가 이러한 질문을 제기하는 의도는 우선 신의 역사에 은폐되어 있는 여신을 재발견하자는 것이다. 물론 이것 자체만으로도 아주 중요한 시도라고 하지 않을 수 없다. 그러나 보다 궁극적인 목표는 신의 역사 속에서 여신이 사라지게 된 근본적인 원인은 무엇이며, 어떻게 여신이 변형되고 왜곡되어 왔는지를 검토해보는 것이다.

지금 굳이 여신에 대해 말하려는 이유는 현대를 살아가는 우리는 자기 의식을 지배하는 '아버지'와 '남성' 신에 대해 한 번도 심각하게 의문을 제기한 적이 없었기 때문이다. 사실 우리의 경우에는 오히려 문제조차 삼지 않는 현실이 훨씬 더 심각한 것이다. 물론 인류의 역사 속에서 이러한 문제 제기가 전혀 없었던 것은 아니다. 가령 19세기에도 몇 명의 여신 신학자들이 이 문제를 제기한 적이 있었다. 그렇지만 결국 별다른 조명도 받지 못하고 쟁점화가 되지 못했다.

현대에 들어서도 여전히 여신은 암흑의 시대를 살고 있다. 이제 우리는 여신에 대해 말하지만 단순히 흥미로운 이야기에 불과할 뿐이며, 종교적인 의미로 다루지는 않는다. 여신의 신화는 우리의 삶 속에 아무런 연관을 발견하지 못한다. 특히 종교적 맥락에서는 아예 초월적 존재의 여성성을 생각조차 해본 적이 없다. 우리 시대의 종교와 신화가 위기에 당면한 이유는 바로 여기에 있다. 즉 그것은 한 개인이 자신이 속한 집단과 이념에 대해 단 한 번이라도 제대로 의문을 제기할 수 없게 만드는 부정적이고 폐쇄적인 이데올로기가 구축되고 있기 때문이다.

'왜, 여신이 아닌 남신인가?' 그것은 우리의 사회를 지배하는 이데올로기를 살펴보면 즉각 알 수 있다. 우리 사회는 아직도 남성중심적인 의식이 지배하는 사회이다. 물론 점차 사회 구성원들의 의식이 변해가고 있기는 하지만 근본적인 의식과 제도의 변화는 아직도 요원하다고 할 수 있을 것이다. 우리의 가부장제 사회가 절대적인 권력자로서의 아버지를 신격화하고 유일한 최고의 존재로 승화시켜왔던 과정은 충분히 이해할 수 있을 것이다.

그럼에도 불구하고 우리가 여전히 초월적인 최고의 존재로서의 신을 통합적 이미지로 표상하지 못하는 이유는 무엇일까? 그것은 기존 종교의 경직된 태도 때문일 것이다. 우리가 비록 '상징'과 '은유'일 뿐이라고 궁색하게 변명을 할지라도 완전히 여성성의 원리를 배제한 남성성의 원리만을 극대화한 우주의 통치자로서의 신의 모습은 여전히 편향적으로 느껴질 뿐이다. 사실 우리가 신을 '아버지'와 '남자'로 비유하더라도 '신'의 상징 체계가 함축한 의미를 종합적으로 설명하려고 노력할 수는 있다. 그렇지만 이미 우리 종교는 이러한 노력을 포기한 지 오래며, 오히려 점점 더 문자라는 성곽 안에 단단히

가둬두려고 한다. 이제 이러한 종교는 스스로 몰락할 뿐이다.

또 다른 이유로 현 시대의 종교와 특히 종교인들이 드러내고 있는 배타적인 태도를 제기할 수 있겠다. 물론 때때로 이것은 각 종교가 가지고 있는 특수성과 고유성에서 비롯되는 경우도 있다. 하지만 우리는 타 종교의 신들에 대해 경계하는 종교에 대해 이해할 수 있으면서도, 여전히 보다 개방적이며 관용적인 태도를 촉구할 수 있다.

그러나 무엇보다도 종교에 대한 우리의 '반'지성적인 태도가 가장 큰 문제라고 할 수 있다. 실제로 우리 사회는 종교에 대해 단순히 '비'지성적이지만은 않다. 이제 사람들은 어느 정도는 자기 종교는 물론이고 타 종교에 대해서도 상당한 이해를 하고 있다. 아니, 차라리 자신이 믿는 종교에 대해서 약간은 무지해도 상관없다. 그러나 여기서 문제는 '아직 알지 못한다'는 것이 아니라 '아예 알려고 하지 않는다'는 것이다. 대부분의 경우에 종교적 명령이나 계율을 그대로 믿고 따르는 것이 능사라 생각한다. 그것이 왜 말해지고 무엇을 원하는지를 아예 살펴보려 하지 않는 것이 바로 종교의 반지성적 태도이다.

물론 어느 종교든지 특성상 신비주의적인 측면을 가지고 있다. 이러한 종교의 신비를 이성의 칼날로 난도질하자고 말하는 것은 아니다. 문제는 종교가 가르치는 내용 전체를 신비화시켜 맹목적인 믿음에 도취되거나 혹은 종교 자체의 절대적인 권위를 맹신하여 문자화된 성전에 대해 추호의 의심도 갖지 않는 경직된 사유 체제이다. 우리는 종교라는 명목 하에, 인간의 유한한 인식 능력 안에 신을 박제시켜서는 안 된다.

왜, 신 자체로 생각하지 않는가?

신은 근본적으로 인간의 한계를 넘어서는 무한하고 초월적인 존재이다. 만약 우리가 믿음의 원천으로 절대적인 진리 혹은 신 자체를 인식한 경우라면 추호도 의심의 여지가 없을 것이다. 그러나 최고의 경지에 이르기까지 신에 대한 인식을 확대해나가고, 인간 자신의 유한성을 극복해나가기 위해서는 최소한 자기 자신과의 대화 또는 자신이 믿는 신과의 대화를 다양하게 시도하여야 한다. 그것은 세계와 우주 및 인간에 대한 다양한 의문을 포함한다. 따라서 우리 자신이 기존에 가졌던 맹목적인 '반지성적' 태도를 지양하고 보다 적극적으로 세계와 인간 그리고 신을 연관하여 탐구하는 자세가 필요하다.

우리는 '문자'라는 감옥 속에 갇혀 있는 신을 해방시켜야 한다. 이것은 문자 자체를 완전히 무시하자는 것이 아니다. 문자는 완전한 존재를 비유하고 상징하는 중요한 매개물이다. 그러나 그것이 한 사회와 체제 속에서 정형화되면 인간의 의식을 지배하게 된다. 가령 우리가 신을 '아버지' 혹은 '아들'로 비유한 것이 오랜 세월이 지나 문자에 의해 사실로 이해하게 되는 것처럼 말이다. 즉 신이란 아버지이고 아들이고 남자라는 것이 비유 아닌 사실로 못박히게 되는 비정상적 상황을 경계하는 것이다. 더욱이 그것이 한 시대가 인정하고 수용하였던 사회 관습과 도덕을 반영하고 있다면 시공간을 넘어서는 절대적인 명령으로 남게 될 가능성이 있다. 그렇게 되면 문자는 그 자체로 확고하고 절대적인 힘을 갖는다.

종교가 신을 절대적인 권력을 가진 아버지로서 배타적으로 규정하며 문자의 힘을 또 하나의 절대적인 권력으로 맹신할 때 인간은 아무런 거리낌 없이 폭력을 행사하면서도 쉽게 자신을 정당화시킬 수 있다. 왜, 신은 아버지여야만 하는가? 특히 그것이 유일신인 경우에는 심각한 문제가 될 것이다. 상징은 자신의 한계를 넘어서는 자기 확장의 법칙을 갖고 있기 때문에 일정한 시간이 흐르면 상징의 의미보다는 상징 자체가 가지는 형식적 틀이 인간의 의식을 지배하게 되는 것이다. 그래서 비록 아버지 신이 상징적 의미를 갖는다고 할지라도 '아버지'가 갖는 의미보다는 표현 자체로도 의식을 규정짓게 되는 것이다.

왜, 다시 여신을 생각하는가

그렇지만 나는 '새로운' 여신이 필요하다고 주장하는 것은 아니다. 만약 우리가 신의 이미지를 다양한 인간적 삶의 국면에서 빌려온다면 수많은 신들이 필요할 것이다. 가령 여신이 있으면 남신이 있어야 하고, 아들 신이 있으면 딸 신이 있어야 하는 등 각 기능과 역할에 따라 수많은 종류의 신들이 무수히 생겨날 수 있다. 물론 신 자체가 많아지는 것을 문제삼는 것은 아니다. 그렇지만 우리는 초월적이며 보편적인 특성을 가진 형이상학적인 단일한 신의 개념에 의해 모든 복잡한 체계를 단순화할 수 있다. 그리하여 우리는 모든 차이와 차별이 지양된 가장 보편적인 신과 종교가 펼쳐지는 의미의 세계로 들어갈 수 있다.

그러나 인간은 여전히 초월적인 존재와 의미를 이해하기 위해 비유와 상징을 필요로 한다. 왜냐하면 인간의 의식이 비록 초월적인 형이상학적 세계를 이해할 수 있다고는 하지만 궁극적으로 항상 머물 수는 없기 때문이다. 그래서 인간은 수많은 상징 체계를 통해 자신의 의식을 무수히 일깨운다. 따라서 만약 우리가 어떠한 방식으로든 상징을 필요로 한다면 다양하고 포괄적으로 사용할 수 있도록 제한을 두지 말아야 할 것이다. 가령 초월적인 신을 단지 아버지나 아들로만 비유하지 않고 어머니나 딸로도 비유할 수 있어야 한다. 또한 항상 남성을 여성보다 우위에 두거나 또는 항상 남성적인 것은 긍정적이며 여성적인 것은 부정적이라고 평가하는 이분법적인 가치 체계를 적용해서도 안 될 것이다.

지금 우리는 편향된 의식의 지도를 재편하기 위해 여신을 말할 필요가 있다. 현재 우리 의식의 심층부에 존재하는 신 개념은 오로지 아버지이자 남신으로서만 깊게 박혀 있기 때문에 가장 밑바닥부터 철저하게 뒤흔들어버릴 필요가 있다. 이것은 단순히 모든 것을 부정하려는 것이 아니라 오히려 모든 것을 긍정하려는 의지에서 출발해야 한다. 시간을 멀리 가져다 놓고 길고 넓게 바라보면서 우리의 시야를 차단하는 가리개를 벗어야 할 것이다. 우리는 여신들의 역사를 통해 이러한 작업을 해낼 수 있다.

원시 신화의 위대한 어머니 여신

인간은 최초로 신을 여성으로 표현하였다. 구석기 시대에 등장한 작은 조각상들에는 이미 생명의 탄생과 관련하여 고대인이 원초적으로 사유하였던 우주와 자연의 법칙들에 관한 상징 체계들이 분명하게 드러나고 있다.[1] 인간이 자연에서 발견한 최초의 이미지는 바로 여성적인 것이었다. 왜냐하면 자연과 여성의 순환적 주기는 상호 유사한 생산성의 원리를 반영하고 있기 때문이다. 이 세계는 마치 어머니가 아이를 낳고 양육하는 방식으로 생성되고 유지되는 것으로 설명되었다. 위대한 어머니 여신은 우주를 생산하는 자이며 우주를 보존하는 자이다.

위대한 어머니 여신은 모든 것을 생성시키는 원천으로 인식되었다.[2) 이 세계에 존재하는 모든 것은 어머니 여신으로부터 나와서 어머니 여신으로 돌아간다. 이것은 삶과 죽음 그리고 재탄생을 무한히 반복하는 자연의 순환적인 법칙과 관련이 있다. 위대한 어머니 여신은 이 세계의 무한한 생명력의 원천이라 할 것이다. 위대한 어머니 여신은 단순히 남성성에 대한 대립적 요소로서 여성성만을 가진 존재는 아니다. 그것은 인간의 의식에 표상될 때 여성적 이미지로 나타나지만 여성성의 원리와 남성성의 원리를 모두 가지고 있는 존재라 할 수 있다.

구석기와 신석기의 위대한 어머니 여신

로셀의 여신. B.C. 22,000~18,000.

원시인들은 영원한 생명의 원리인 위대한 어머니 여신의 특성을 여신의 몸의 이미지를 통해 형상화했다. 도르도뉴(Dordogne)에 있는 로셀(Laussel)의 바위 은신처에서 출토된 조각상(B.C. 22,000~18,000)을 살펴보면, 한 여성이 오른손에 달을 상징하는 들소의 뿔을 들고 있는데 거기에는 달이 차 오르는 13일을 지시하듯 13개의 금이 그어져 있고, 왼손으로는 유난히 부풀어 오른 자신의 복부를 가리키고 있다. 이것은 그들이 달이 차가는 국면과 여성 자궁의 다산 간에 밀접한 연관 관계를 의식하고 있다는 사실을 보여 준다.

달은 이 세계의 변화 원리일 뿐만 아니라 인간 자신의 변화 원리이기도 하였다. 달의 변화에 따라 인간을 포함한 이 세계의 모든 것들이 함께 변화해 나간다. 달은 특히 여성의 출산과 관련된 월경과 밀접한 관계를 가지고 있다. 그리하여 달의 변화하는 측면은 여인의 일생을 나타낸다. 즉 초승달은 어린 소녀이고, 보름달은 임신한 여성인 어머니이고, 어두워지는 달은 빛을 안에 갖고 있는 현명한 노파이다. 구석기인들은 초승달에서 생명의 성장을 생각하고, 보름달에서 생명의 완성을 생각하고 그믐달에서 생명의 소멸을 생각하였다. 초승달이 차서 보름달이 되고, 다시 그믐달이 되어 사라지지만 영원히 없어지는 것은 아니다. 초승달은 다시 떠오르기 때문이다. 이것은 바로 달의 여신이 태어나서 죽고 그리고 다시 태어나는 과정으로 말해진다. 원시인들은 인간이 죽으면 어머니의 자궁으로 되돌아가서 달처럼 다시 태어날 것이라고 생각했다. 모든 것은 태어나서 죽는다. 그러나 죽음은 모든 것의 끝이 아니다. 죽음은 또 다른 탄생의 전 단계일 뿐이다. 원시인들은 삶과 죽음이 끊임없이 서로 연속되는 것으로 생각하였다.

나아가 달과 여성의 출산과의 관계가 더욱 구체적으로 표현되어 있는 레스퓨그(Lespugue)에서 출토된 여신상(B.C. 20,000~

레스퓨그의 여신,
B.C. 20,000~18,000.

18,000)을 살펴보자. 여신의 엉덩이 아래로부터 무릎까지 10개의 수직선이 새겨져 있는데, 이것은 마치 자궁으로부터 비처럼 흘러내리는 양수 같은 인상을 준다. 바로 이 10개의 선은 10달간의 수태 기간을 암시하고 있다. 우리는 이러한 구석기인들의 표현을 통해 그들이 일상생활에서 자신들의 생존을 위해 가장 관심을 가졌던 자연의 변화와 생명의 탄생, 그리고 죽음의 신비를 여성적 원리와 결부시켜 해석해내려고 한 시도를 엿볼 수 있다.

구석기와 신석기 시대의 여신은 다산성과 풍요로움에 초점을 맞추고 있다. 이것은 원시인들의 삶의 가치관 및 세계관과 관련이 있을 것이다. 원시인들은 이 세계에 구체적으로 드러난 여신의 몸을 통해 주술적인 힘을 강화시키려 했던 것으로 보인다. 위대한 어머니 여신의 몸은 곧 우주 자체였다. 따라서 원시인들은 다산성을 강조하기 위해 가슴이나 엉덩이 혹은 배를 지나치게 강조하여 전체적으로 균형이 맞지 않는 기괴한 비율

크레테 문명의 여신.
B.C. 17,00~14,000.

로 여신의 몸을 묘사하고 있다.

그렇지만 신석기로부터 청동기로 넘어가는 과도기의 특성을 그대로 간직하고 있는 크레테의 미노아 문명에 나타나는 여신들은 구석기 여신상들과는 다른 신체적 특성을 나타내고 있다. 그들은 임신한 몸의 형태에서 벗어나 비교적 균형이 잡힌 몸매로 그려지고 있으며, 완전히 벌거벗은 상태에서 벗어나 전체적으로 신체의 선을 드러내는 주름 무늬의 옷을 입고 있다. 특히 구·신석기 시대에 지나치게 커서 복부까지 축 늘어졌던 여신의 가슴은 크레테 시기에는 약간 큰 크기로 위로 올라와 과감하게 노출시키고 있다. 그것은 구석기 시대와 마찬가지로 여신이 가진 생명력과 관련이 있다. 여신의 가슴은 가려진 신체의 다른 어떤 부분보다도 여신의 능력을 집약적으로 보여 주는 것이었기 때문에, 특히 강조되어 노출되어 있는 것이다. 이와 같이 구·신석기의 사람들이 여신의 원초적인 능력을 그녀의 몸 혹은 조각상의 형태를 통해 직접적으로 표현하려고 노력한 것에 비해, 크레테 시대의 사람들은 이러한 구체적인 특징보다는 여러 가지 상징적인 표상들이나 도구들을 통해 일상성 속에서 추상적 특

19

징을 표현하려고 시도한 것으로 보인다.[3]

위대한 어머니 여신은 존재하는 모든 것에 대한 영원한 생명의 원천으로 자연과 유사한 방식으로 이해되었다. 따라서 인간의 의식에 반영된 모든 자연적인 대상들은 여신의 상징적 의미를 함축하고 있었다. 영원한 생명의 원리로서의 여신은 새와 뱀, 황소 등의 수많은 동물과 벼, 보리, 꽃, 나무 등과 같은 다양한 식물을 통해서도 설명되고 있다. 특히 구석기 시대의 대표적인 상징물인 새와 뱀은 무한한 생명의 원천으로서의 '물'을 형상화한 이미지로 자주 등장하였다.

위대한 어머니 여신을 새와 뱀의 이미지로 형상화한 이유는 무엇일까? 특히 신석기 시대에 새는 하늘 위에서 내려오는 물의 이미지와 연관되었고, 뱀은 땅 위와 아래 및 주변에 있는 물의 이미지와 연관되었다. 따라서 하늘에서 생명을 가져오는 새 여신은 목 위로는 새의 머리로 되어 있고, 목 아래로는 여인의 몸으로 형상화되었으며, 뱀 여신은 여신의 몸에 뱀 무늬를 그려 넣거나 또는 단순히 소용돌이 무늬로 상징화되었다. 특히 뱀은 주기적으로 허물을 벗지만 여전히 살아 있다고 생각되었다. 그래서 달과 같이 순환하는 영원한 생명을 구현하며 여신의 대표적인 상징물이 되었다.

청동기 신화의 위대한 어머니 여신

위대한 어머니 여신은 구석기와 신석기 그리고 청동기를 지

두 여신과 아이,
(B.C. 1,300).

나면서 점차 변화한다. 인간의 의식이 발달해가면서 위대한 어
머니 여신의 역할도 내적 필연성에 의해 다양하게 분화되기 시
작하였다. 그리하여 위대한 어머니 여신 안에 하나로 통합되어
있던 기능들이 자연스럽게 각기 남편과 형제, 딸과 아들 등에
게 나눠지게 된다. 그러나 위대한 어머니 여신은 청동기 시대
에 이르러 새로운 문화와 종교를 가진 민족들의 침입에 의해
급격한 변화를 겪게 된다. 왜냐하면 각 시대마다 다른 세계관
과 가치관을 가진 민족에 의해 정복당하면서 위대한 어머니 신
화 속에도 새로운 권력과 계급의 질서가 적용되었기 때문이다.
　　그리하여 청동기 후반부터 남신과 여신이 공존하게 되었지
만, 여신은 남신에게 종속적인 위치를 차지할 수밖에 없었다.

더욱이 이것은 극단적인 형태로 치달아 가면서 급기야는 여신을 완전히 배제한 남신의 신화가 출현하게 된다. 이것이 바로 위대한 아버지 신화의 체계이다. 여기서는 단 하나의 남신인 아버지 신만이 존재하며 다른 모든 존재는 죽을 운명을 지닌 인간의 위치로 밀려나거나 또는 죽지 않을지라도 영원히 어둠 속에서 살아가는 악마의 위치로 내쫓기게 된다. 신화의 역사 속에서 여신의 죽음은 단순히 의식의 발전에 따른 자연스러운 과정이라기보다는 남신을 숭배하는 새로운 가부장제 사회의 권력의 창출과 질서 유지를 위한 일종의 축출과 제거의 과정이라고 할 수 있다.

그러나 위대한 어머니 여신은 별도로 자신과 대립적인 위대한 아버지 남신이라는 의식의 산물을 가정할 필요가 없다. 왜냐하면 이미 그녀는 자신 안에 여성성과 남성성을 종합적으로 가지고 있기 때문이다. 인간의 의식이 점차 발전함에 따라 위대한 어머니 여신은 출산이나 분화의 방식으로 다양한 기능과 역할을 맡을 다른 신들을 만들어낸다. 따라서 청동기 초기에 위대한 어머니 여신은 형제와 자매를 갖고 딸이나 아들 및 남편을 갖는 방식으로 분화되는 것이다.

위대한 어머니 여신의 변천

위대한 어머니 여신은 구석기에서 청동기에 이르기까지 다음과 같이 변화된다. 우선 구석기 신화 속에서 위대한 어머니 여신은 순환하는 자연 세계 속에서 반복적으로 나타나는 일련의 사건들을 통해 삶과 죽음의 단일한 원리로서 작용하였다. 다음으로 신석기 신화와 청동기 초기 신화 속에서 위대한 어머니 여신은 점차 기능이 다양해지면서 형제자매 혹은 아들과 딸로 분화되어 나타난다. 위대한 어머니 여신은 가시적인 우주 질서의 배후에서 변화하지 않는 영원한 생명의 원리로서 작용하였고, 다른 신들은 우주의 변화하는 원리로서 작용하였다. 마지막으로 청동기 중기 이후의 신화에 나타나는 여신은 점차 남신에게 대부분의 중요한 기능을 박탈당하고 종속되기 시작하면서 실질적인 역할을 잃게 되었다.

그리스 신화는 철기 시대의 신화로 여신들이 아직 남아 있기는 하지만 별다른 기능을 맡지 않거나 부정적인 기능을 맡는 존재로 전락되었다. 그리고 여전히 위대한 어머니 여신의 커다란 발자취를 감추고 있다. 따라서 그리스 신화의 이면에 숨겨져 있는 고대인들의 위대한 어머니 여신의 이미지를 형상화할 필요가 있다.

위대한 어머니 여신은 청동기 시대의 고대 근동 신화 속에서 급격한 변화를 겪는다. 구석기와 신석기의 위대한 어머니 신화는 새로 유입된 청동기의 아들과 아버지 신화와 서로 우위를 다투지만 결국 참패를 당하게 된다. 이것은 고대 근동 지역들 가운데 메소포타미아, 이집트, 바빌로니아, 그리스 등의 신화에서 잘 드러난다. 청동기 신화에 등장하고, 태양을 숭배하는 유목 민족의 새로운 남신의 신화는 기존에 위대한 어머니 여신이 가지고 있던 기능과 역할을 축소시키거나 박탈하고 때로는 완전히 제거하기까지 하였다.

우리는 위대한 어머니 신화의 변천 과정을 살펴보면서 다음과 같은 점에 주목할 필요가 있다. 우선 위대한 어머니 여신의 신화에 나타난 변형의 원리와 논리를 추론해내어 여성성 자체를 부정적으로 왜곡시키는 상상력의 원천을 밝혀보고, 다음으로 극단적으로 이원화된 가치관에 의해 여성적인 것을 부정적이고 열등한 가치로 폄하하고 왜곡시킬 뿐만 아니라 불평등한 차별 의식을 고착화시키는 신화적 장치를 비판해 볼 것이다.

메소포타미아 인안나 여신의 죽음

고대 메소포타미아 신화는 수메르를 중심으로 전개된다. 고대 수메르의 땅은 티크리스 강과 유프라테스 강의 충적 평야와 일치하며, 오늘날에는 이라크 남부 영토에 포함되어 있다. 수메르가 특히 중요한 이유는 구약과 신약성서가 수메르의 영향권 속에 있었던 바빌론과 앗시리아 그리고 가나안의 문명에 의해 많은 영향을 받았다는 데 있다. 기원전 약 2400년을 기준으로 삼자면 그 이전에는 수메르 여성이 남성과 동등한 위치에 있었으며, 그 이후로 북쪽의 셈족의 영향으로 여성은 남성보다 열등한 지위를 갖게 되었다. 이것은 신들의 세계에서도 동일하게 적용되었다.

메소포타미아의 우주 생성 신화

수메르 신화에 나타나는 태초의 우주 상태는 물이고, 모든 것의 근원은 물이다. 수메르인들은 원시 바다가 모든 창조의 근원이라고 생각했다. '바다'를 뜻하는 남무(Nammu)는 원래 뱀의 여신으로 그려져 왔다. 우주적인 물로서 남무는 안-키 (An-Ki), 즉 하늘과 땅을 낳는다. 안-키는 한 몸으로 존재하면서 엔릴(Enlil), 즉 대기를 낳는다. 그런데 엔릴(대기)은 자신의 부모를 분리시켜 어머니 키(땅)를 자신의 아내로 삼는다. 엔릴과 키의 결합으로부터 모든 신들이 나온다. 다시 말하자면 태초에는 물로부터 하늘과 땅이 결합된 채로 나오나, 공기가 태어나면서 하늘과 땅이 갈라진다는 것이다. 하늘과 땅 사이에 있는 공기가 하늘을 대신 하여 다시 땅과 결합하여 모든 신들이 나오는 것이다. 여기서 우리는 엔릴이 자신의 어머니 키와 결합하여 모든 것을 낳는다는 이야기를 통해 영원한 생명의 원천으로서 위대한 어머니 여신과 아들-연인의 전형적인 형태를 엿볼 수 있다.[4]

여기서 땅의 여신 키는 나중에 닌후르쌍(Ninhursag)이라고 불린다. 그러나 키는 수메르 신전에서 더 이상 엔릴의 아내로 숭배받지 않고, 엔릴의 '누이'로 인식되며, 땅의 여신으로서 키의 역할도 엔릴에 의해 흡수된다.[5] 이것은 위대한 어머니 여신의 신화가 퇴색되며 무대의 한켠으로 물러나고 있는 모습을 보여 준다. 닌후르쌍은 신석기로부터 청동기까지 주요한

하늘의 여왕으로서 인안나-이슈타르.

여신의 이미지로 등장하면서 중요한 역할을 담당하게 된다. 키-닌후르쌍은 '모든 살아 있는 것의 어머니'이다. 그녀는 모든 신과 인간의 어머니이며, 모든 동물들의 어머니이다. 고대의 위대한 여신들과 마찬가지로 '땅'의 여신은 우주 생성 신화에서 아주 중요한 역할을 하게 되는 것이다.

키-닌후르쌍 이미지는 나중에 인안나(Inanna)와 겹쳐지게 된다. 인안나는 위대한 어머니 여신으로서 키-닌후르쌍의 역할의 많은 측면들을 공유하고 있다. 인안나는 이슈타르(Ishtar)와 동일한 인물이다. 이 여신은 남쪽에서는 인안나라는 수메르 이름으로 불렸고, 북쪽에서는 이슈타르라는 셈족의 이름으로 불렸다. 인안나는 땅뿐만 아니라 하늘까지 지배하는 것으로 나온다. '하늘과 땅의 여신'으로서 인안나는 생명이자 죽음 자체인 신석기 대모신의 특징을 보여 주고 있다.

하늘의 여왕으로서의 인안나

하늘의 여왕으로서 인안나는 먼저 달의 여신으로 나타난다.

이것은 인안나의 탄생 신화를 통해서도 분명하다. 공기의 신 엔릴은 두 번째로 '공기의 여신'을 의미하는 닌릴(Nirlil)과 결합하여 달의 신 난나(Nanna)를 낳는다. 난나는 달의 여신인 닌갈(Ningal)과 결합하여 '달의 여왕'을 의미하는 인안나(Inanna)와 태양신 우투(Utu)를 낳는다. 달의 여신인 인안나는 달이 찼을 때 생명을 주고 달이 기울었을 때 생명을 회수해간다. 또한 인안나는 금성을 가리키며, 샛별과 저녁 별로 육화되기도 한다.

그렇지만 인안나에 관한 모든 신화들은 달과 관련된 단서들을 포함하고 있다. 그녀가 빛과 어둠을 지배하고 뿔 달린 머리 장식물을 쓰고 뱀 지팡이를 쥐고 있다는 사실과 더불어 매년 지하세계에 내려갔다가 다시 올라오는 아들이자 연인을 가지고 있다는 사실은 그녀가 달과 밀접한 관계가 있음을 보여준다. 뿔과 뱀, 아들-연인은 모두 죽음과 재탄생과 관련된 달의 순환적 주기와 밀접하게 연관되어 있기 때문이다. 가령 들소 뿔은 사라졌다가 다시 뜨는 초생달을 상징하고, 뱀은 허물을 벗고 다시 태어나는 것을 상징하며, 아들-연인도 죽었다가 다시 태어나는 주기를 반복한다.

인안나는 밝고 생산적인 측면 외에도 어둡고 파괴적인 측면도 가지고 있다. 그것은 폭풍의 여신과 전쟁의 여신의 이미지에 잘 드러난다. 그녀는 생명을 주고 키우는 힘뿐만 아니라 예측 불허의 혼돈스럽고 파괴적인 자연의 힘과도 동일시되었다. 폭풍의 여신으로서 인안나는 용의 이미지로 나타나는데 인간이 몇 달 동안이나 애써 일구어 놓은 농작물을 망칠 뿐만 아니라 인간의 생명마저도 빼앗아 가는 잔인한 측면을 가지고 있다. 또한 청동기 시대에 전쟁이 많아지면서 인안나는 전쟁의 여신으로 나타난다. 전쟁의 여신으로서 인안나는 용과 사자의 이미지로 죽음과 공포를 가져다주었다. 그녀는 전쟁의 수호자로서 후대 다른 문화의 여신들에게도 이러한 특징이 전해진다.

땅의 여왕으로서의 인안나

인안나는 하늘의 여왕으로서만이 아니라 땅의 여왕으로서도 나타난다. 땅의 여왕으로서 인안나는 우선 식물의 여신으로 나타난다. 그녀는 곡물, 포도, 대추 야자수, 삼나무, 무화과, 올리브, 사과나무 등의 여신이다. 그래서 여신의 사원에는 여신이 생명을 주는 힘이라는 것을 상징하기 위해 이러한 나무들 가운데 하나가 심어져 있다. 또한 인안나는 동물들의 여신으로서 나타나기도 한다. 이때에는 주로 사자와 소, 비둘기, 참새의 이미지가 사용되지만 때로는 지하세계와 관련하여 생명을 빼앗는 독사와 전갈로 나타나기도 한다. 그녀는 논과 밭에서 자라나는 모든 것과 과일 나무로부터 수확한 모든 것을 지배하였다. 그것들은 바로 여신의 몸이었다. 따라서 그녀가 생산한 모든 것은 신성하였다. 이 세계에 존재하는 모든 것은 식물과 동물 그리고 인간의 생명으로서 나타난 여신의 생명이었다.

올빼미, 사자와 함께 있는 인안나 여신, B.C. 2,300~2,000.

인안나의 다산성은 위대한 어머니 여신의 중요한 특징이다. 인안나는 자신의 배우자와의 성스러운 결합을 통해 다산과 풍요를 촉진시킨다. 이것은 신전 안에서 여사제가 성스러운 의식을 수행하기 위해 그 곳에 들어온 남자와 성적인 결합을 하여 여신의 창조적 행위를 모방하는 방식으로 나타났다. 성은 이 세계에 생명을 주는 수단이며 신성한 행위였다. 초기 문화에서 성적 결합은 다산의 마술적 행위이다. 신전에서 의식을 통해 이루어진 성적인 결합에 의해 모든 생명이 탄생한다. 그것은 여신이 불러일으킨 성적 본능으로 말미암아 성전에서 여성과 남성이 여신의 생산력의 수단으로서 자신들을 제공하는 신성한 행위의 표현이다.

인안나의 지하세계 여행 이야기

청동기 시대의 여신과 아들 혹은 배우자의 신화는 메소포타미아 신화에서도 나타난다.[6] 그것은 동일한 방식으로 아들 혹은 배우자의 죽음과 부활로 나타난다. 인안나와 이슈타르와 마찬가지로 그들의 배우자의 이름은 수메르 남쪽에서는 두무지(Dumuzi)라고 불렸고, 수메르 북쪽에서는 탐무즈(Tammuz)라고 불렸는데, 이것은 둘 다 '충실한 아들'이라는 의미를 가지고 있다. 두무지 혹은 탐무즈는 '양치기'로 불렸는데, 이것은 백성들의 양치기로서 수메르 왕의 이름이기도 하였다. 또한 그는 희생제의 때에는 '어린양'이었다. 이러한 이미지는 후대에 양치기이자 어린양인 예수의 이미지까지 이어진다.

인안나의 지하세계 여행은 청동기 신화 가운데 가장 유명한 이야기이다. '인안나의 하강'으로 알려진 시는 고대의 달

신화를 드라마틱하게 표현한 것이다.[7] 수메르에서 백여 개의 토판이 발견된 지하세계 여행 이야기는 다음과 같다.[8]

어느 날 인안나는 하늘과 땅을 버리고 지하세계로 내려가겠다는 결심을 한다. 그녀는 자신의 다른 측면이자 자매인 에레쉬키갈(Ereshkigal)이 다스리는 지하세계로 내려간다. 에레쉬키갈은 '위대한 대지의 여주인'을 의미하며, 남무의 딸인 키 여신의 지하세계의 측면을 대신하고 있다. 인안나는 시종 닌슈부르(Ninshubur)에게 혹시 자신이 지하세계에서 다시 올라오지 못하게 되면 먼저 엔릴에게, 다음으로 난나에게, 마지막으로 엔키에게 가서 도움을 청하라고 말해두었다.

인안나는 지하세계로 내려가 일곱 개의 문을 통과하면서 몸에 걸친 옷과 장신구를 하나씩 빼앗겨 벌거숭이가 되었다. 지하세계의 아눈나키(Anunnaki) 신들이 죽음의 눈으로 그녀를 보자 시체로 변하여 못에 걸렸다. 인안나가 3일 낮 밤이 지나도 다시 올라오지 않자 닌슈부르는 신들을 차례로 찾아가 도움을 청하였으나 거절당하고 마지막으로 찾아간 엔키가 도움을 주게 된다. 엔키는 부하를 두 명 보내어 인안나에게 생명초와 생명수를 뿌리게 하였다. 인안나가 일어나 지하세계를 떠나려 하자 지하세계의 신들은 지하세계에서 살아 돌아갈 수는 없으니 그녀를 대신할 인물을 보내라고 한다.

지상으로 돌아온 인안나는 자신을 대신할 인물을 찾다가 남편 두무지에게 갔다. 두무지가 화려한 옷을 입고 즐기고 있자 인안나는 몹시 분노하게 된다. 그래서 인안나는 지하세계의 사자들에게 두무지를 대신 잡아가도록 명령한다. 그러나 두무지가 지하세계로 내려간 것을 슬퍼하는 그의 누나인 포도 주의 여신 게슈틴안나(Geshtinanna)가 인안나를 두무지에게 데 려가 그녀는 두무지와 번갈아가며 반년 동안 지하세계에 머무르게 된다. 인안나의 하강 신화는 수천 년 동안 인간의 의식에 영향을 미친 달의 신화와 관련된 고대 제의의 재현일 뿐만 아 니라 일상적인 삶의 영역인 지상에서 가장 먼 세계인 공포로 가득 찬 차원으로의 입문을 재현하기 때문에 중요하다.9)

메소포타미아의 인안나 여신은 원시 신화의 위대한 어머니 여신의 다양한 기능을 가지고 있다. 특히 인안나는 하늘과 땅 의 여왕으로서 생명을 주고 빼앗아가는 어머니 여신의 특징을 상당히 많이 물려받고 있다. 그러나 인안나는 세부적으로 고 대의 위대한 어머니 여신과 차이를 드러내고 있다. 우선 인안 나의 단일한 기능은 양분화 되어 각각 독립적인 형태로 나타 난다. 인안나 자신은 여전히 이 세계의 생명의 원리를 나타내 지만, 인안나의 또 다른 측면은 '자매' 에레쉬키갈을 통해 나 타난다. 에레쉬키갈은 지하세계의 어두운 측면을 담당하는 것 으로 나온다. 즉 위대한 어머니 여신의 단일한 기능은 여신 자 신과 유사한 '자매'를 통해 분화되어 다른 원리로 작용하는 것으로 설명된다.

다음으로 인안나는 영원한 생명의 원리로 우주의 변화하지 않는 측면과 변화하는 측면을 모두 구현하고 있다. 그러나 지 하세계로의 여행이라는 신화를 통해 인안나는 이 세계의 변화하지 않는 원리로 남고, 자신의 남편을 변화하는 원리로 삼는다. 인안나는 대지의 다산과 풍요로움을 위해 두무지와 성스러운 결혼을 했다. 그러나 인안나는 지하세계를 여행한 후 자기 대신에 남편 두무지를 희생시킨다. 그래서 두무지는 인안나를 대신하여 죽었다가 다시 태어나기를 거듭하며 달의 순환과 이 세계의 변화 원리를 구현하는 것이다. 이러한 점에서 인안나의 지하세계로의 여행 이야기는 청동기 시대의 전형적인 어머니 여신과 아들-연인신화의 기본적인 틀을 따르고 있다.

메소포타미아의 인안나 여신은 비록 새로운 남신과 결합하였지만, 아직 종속적인 위치로 추락되지는 않았다. 인안나는 여전히 이 세계에 강력한 영향력을 발휘하며 영원한 생명력의 원천으로 작용하고 있다.

이집트 이시스 여신의 보호와 권능

이집트의 우주 생성 신화

고대 이집트는 나일강에 기원이 있다. 이에 이집트인들은 자연히 물을 생명의 기원으로 보았다. 그래서 이집트 헬리오폴리스 신화 속에서는 태초에 모든 것이 물이었다. 이 원시적인 물은 누(Nu) 혹은 눈(Nun)이라 불렸다. 우주가 생성한 후 눈은 그리스 신화의 오케아노스와 같이 천구를 둘러싸고 있었다. 여기서 '모든 것'을 의미하는 아툼(Atum)이 물에서 스스로 솟아올라와 자신이 서 있는 원시의 언덕을 창조했다. 이 언덕은 나일 강의 범람 후에 나타나는 비옥한 언덕과 연관된다. 아툼은 남신이므로 '내뱉고 토하는' 방식으로 공기의 신인 슈(Shu)와 습기의 신인 테프누트(Tefnut)를 낳았다. 슈와 테프누

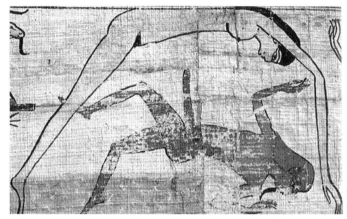

하늘 여신 누트와
땅의 남신 겝.

트는 하늘의 신인 누트(Nut)와 땅의 신인 겝(Geb)을 낳았다.

대부분의 신화와 달리 이집트 신화는 특이하게 하늘 신 누트가 여신이고 땅의 신 겝이 남신이다. 공기의 신인 슈는 하늘의 신 누트를 땅의 신인 겝으로부터 분리시키고 별을 만들게 했다. 그러나 누트와 겝은 분리되기 이전에 네 명의 자식들을 낳았다. 그들이 바로 오시리스(Osiris)와 세트(Seth), 이시스(Isis)와 네프튀스(Nephtys)이다. 이시스와 오시리스는 태어나기 전에 이미 어머니의 자궁 속에서 서로 사랑하였다고 한다. 또한 네프튀스는 세트의 아내가 되었다. 이것은 친남매 혹은 이복남매간에 행해지는 이집트 왕족의 결혼 형태를 보여 준다.

오시리스의 죽음과 세트의 반란

오시리스는 누트와 겝의 장남으로서 이집트의 첫 번째 왕이 되었다. 오시리스와 이시스가 지배하던 때에 이집트는 일종의 황금시대를 구가하였다. 오시리스는 문명의 창조주로서 백성들에게 농사짓는 기술을 가르쳤다. 더욱이 오시리스는 이집트에만 국한하지 않고 다른 나라 사람들을 가르치기 위해 떠났는데 그때는 이시스가 오시리스를 대신하여 평화롭게 지배하였다. 여기서 이시스는 기존의 위대한 어머니 여신의 강력한 힘을 단독으로 드러내지 않는다. 이시스는 아내로서 그리고 어머니로서의 역할에 충실한 것으로 보인다.

그런데 오시리스의 형제인 세트는 오시리스를 질투하여 죽일 음모를 꾸민다. 세트는 어머니 누트의 자궁을 찢고 나왔다고 한다. 비록 왕권 신화에서는 세트의 속성이 폭력과 혼돈을 나타내는 부정적인 신으로 등장하지만, 오시리스보다 훨씬 오래된 신으로 나타나기도 한다.[10] 세트는 오시리스의 키와 비슷한 크기의 아름다운 상자를 만들었다. 어느 날 세트는 축제를 열어 흥을 돋운 후에 상자를 가져오게 하고는 상자의 크기에 딱 맞는 사람에게 상자를 주겠다고 한다. 오시리스에 맞추어 만든 상자이기 때문에 오시리스가 들어가자 당연히 딱 맞았다. 오시리스가 상자에 들어가자마자 공모자들이 상자에 못을 박아버리고 납을 녹여 봉인해버렸다. 그 다음 그들은 상자를 나일 강에 띄워 바다로 흘려보냈다. 오시리스가 죽자 세트는 네프튀스를 데리고 이집트를 지배하였다.

이시스의 방랑과 뷔블로스 이야기

이시스는 오시리스가 사라지자 비탄에 빠져 머리카락을 자르고 상복을 입은 채 사방으로 찾으러 다녔다. 그녀는 상자가 바다로 떠내려가 페니키아의 뷔블로스(Byblos) 해안으로 밀려간 것을 알게 되었다. 상자는 아주 빠른 속도로 자라난 에리카(erica) 나무 가지들 속에 둘러싸여 있었다. 그런데 뷔블로스의 왕과 왕비는 그 나무가 너무 아름답다며 궁전의 기둥으로 사용하기 위해 잘라서 가져갔다. 오시리스의 상자를 찾기 위해 뷔블로스에 도착한 이시스는 슬픔에 빠져 신분을 감춘 채 우물 곁에 앉아 있었다. 마침 왕비의 시녀들이 우물에 왔다가 이시스를 만났다. 이시스는 그들에게 친절하게 대해주며 머리를 땋아주었다. 궁으로 돌아온 시녀들의 땋은 머리에서 놀라운 향내가 나자 이를 신기하게 여긴 왕비는 이시스를 자기 아들의 유모로 삼았다.

밤이 되자 이시스는 자신이 돌보는 아이를 불멸하게 만들기 위해 불 속에 놓은 후 자신은 제비로 변해 오시리스의 상자가 든 궁전 기둥 주위를 돌면서 슬피 울었다. 그러나 어느 날 밤 왕비가 아이를 보러 왔다가 불 속에 있는 아이를 보고 비명을 질렀고, 결국 아이는 불멸의 삶을 얻지 못하게 되었다. 이시스는 신분을 드러내고 기둥을 달라고 요구하였다. 그녀는 기둥을 잘라 내어 오시리스의 상자를 찾아냈다.

사실 이시스가 세트에 의해 살해된 남편 오시리스를 찾아 헤매는 장면은 데메테르가 하데스에 의해 납치된 딸 페르세포네를 찾아 헤매는 장면과 아주 유사하다. 가령 이시스가 남편 오시리스를 찾고 데메테르는 딸 페르세포네를 찾는다는 점에서는 다르지만, 이시스와 마찬가지로 데메테르도 인간들의 도시로 와서 우물 옆에서 쉬고 있다가 왕비에게 불려가 유모가 된다. 또한 이시스와 마찬가지로 데메테르도 아이를 불멸하게 만들려고 불에 집어넣지만 왕비 때문에 실패한다. 더욱이 비록 이집트 신화의 오시리스는 직접 죽었다가 부활하고, 그리스 신화의 페르세포네는 지하세계로 납치되었다가 귀환한다는 점에서는 약간의 차이는 있지만 기본적으로 농경생활과 자연변화를 설명한다는 점에서는 상당히 유사하다.

호루스의 탄생과 오시리스의 부활

이시스는 상자를 가지고 이집트로 가서 늪지에서 상자를 열고 죽은 오시리스에게 키스하고 눈물을 흘렸다. 이시스는 솔개의 모습을 하고 커다란 날개로 쳐서 오시리스의 생명을 잠시 돌아오게 하여 아이를 임신하였다. 이때 낳은 아들이 바로 호루스(Horus)이다. 이시스는 호루스를 돌보기 위해 잠시 오시리스의 상자를 숨겨 놓고 떠났다. 그러나 어느 날 보름달이 뜬 밤에 세트가 멧돼지를 사냥하러 갔다가 오시리스의 상자를 발견하였다. 그는 오시리스의 몸을 14조각으로 잘라 사방에 뿌리고 오시리스의 남근은 나일 강에 버렸다. 이시스는 이 소식을 듣고 다시 남편의 시체를 찾으러 다녔다.

이때 이시스의 자매이자 세트의 부인인 네프튀스(Nephthys)와 쟈칼 머리를 한 아누비스(Anubis)가 이시스를 도와주었다.

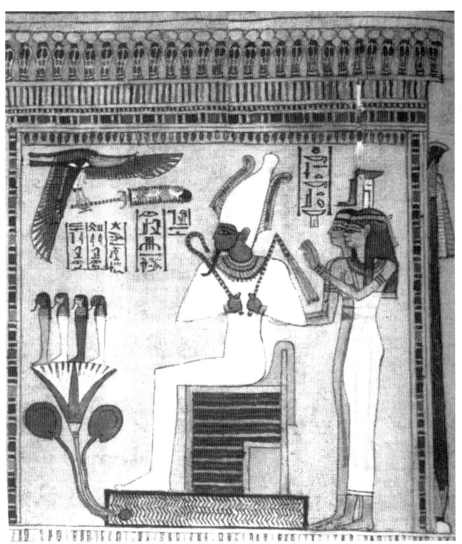

이시스, 네프튀스와 함께 있는 오시리스.

아누비스는 오시리스가 아주 어두운 밤에 네프튀스를 이시스로 착각하여 낳은 아들이었다. 매의 머리를 한 호루스도 자라나 이시스를 도왔고 토트(Thoth) 신도 도와주었다. 결국 그들은 물고기가 삼켜버린 오시리스의 남근을 제외하고 모든 부분을 찾아내 이를 땅에 묻었다. 또는 이시스가 오시리스의 몸 조각들을 붙여서 미이라로 만든 후에 자신의 날개로 부채질하여 오시리스가 다시 살아나 내세의 지배자가 되었다고도 한다. 그리하여 그는 지하세계에 앉아 죽은 자들의 영혼을 심판하였다고 한다.

그러나 이집트 신화에서 중요한 죽음과 재탄생의 이야기에서 결정적인 역할은 이시스가 한다. 오시리스는 부활하여 지하세계를 지배하는 신이 되지만 오시리스 자신의 능력으로 된 것은 아니다. 이시스가 죽은 오시리스를 되살린 것일 뿐이다. 여기서 오시리스는 단지 수동적 역할만을 하고 있다. 오시리스가 살해되었을 때 두 차례나 오시리스의 시신을 애타게 찾아다니며 죽음으로부터 다시 살아나게 만드는 것은 바로 이시스이다. 그녀는 우주 안에서 죽음으로부터 생명을 부활시키는 사랑의 힘을 대변한다.

호루스의 복수와 왕권신화

매의 얼굴을 한 호루스는 이시스에 의해 안전하게 보호를 받으며 성장했다. 호루스가 성인이 되었을 때 아버지의 복수를 하고 이집트 왕위를 되찾기 위해 세트를 신들의 법정에 제소하였다.11) 그러나 신들은 호루스 편과 세트 편으로 나뉘어 판결이 이루어지지 않고 시간만 끌게 된다. 결국 이시스가 나서서 호루스 편을 들며 그가 이집트 왕위를 계승해야 한다고 주장하지만, 세트는 이시스가 참석하는 법정을 인정하지 않을 것이라고 외친다. 그러자 이시스는 세트가 스스로 죄를 인정하고 자신을 비난하도록 교묘한 술책을 썼다. 이후 세트가 계속해서 지리한 싸움을 걸어왔지만 호루스는 이시스의 도움을 받아 물리쳤다. 마지막으로 오시리스가 지하세계로부터 신들을 위협하자 법정의 신들은 이집트의 왕위를 호루스에게 주었다.

　이집트 신화는 오시리스와 호루스의 이야기에 초점이 맞춰져 있기는 하지만 이시스는 오시리스 신화와 왕권신화를 이해하는 데 아주 중요한 역할을 한다. 오시리스-이시스 신화를 자세히 살펴보면 오시리스는 최초의 왕이며 최고 권력자로 나타나지만 실질적으로는 중요한 기능과 역할이 이시스에게 주

호루스.

어져 있다. 물론 여기서 이시스는 기존의 위대한 어머니 여신의 강력한 힘을 단독으로 드러내지 않는다. 특히 왕권신화에서 오시리스는 최초의 왕이 되고 이시스는 단지 대행자 역할만을 할 뿐이며, 아들 호루스에게 오시리스의 왕권을 계승시키는 보조자의 역할을 할 뿐이다.

이시스 여신과 아들-연인 신화

오시리스가 죽은 후에 왕권은 세트가 잠시 가지고 있다가 호루스에게 넘어간다. 호루스가 왕권을 계승하는데 결정적인 역할을 한 것은 다름 아닌 이시스이다.[12) 이시스는 왕위 계승을 심사하는 법정으로 가기 위해 변장하여 뱃사공과 세트를 속이고 호루스를 도와준다. 그리하여 이시스는 왕들의 보호자로 나타난다. 그래서 왕권 신화에서 이시스의 무릎은 왕권을 보장해주는 옥좌로서 나타난다. 이시스는 호루스의 어머니로서 살아 있는 호루스로 알려진 이집트 왕의 상징적 어머니가 되었다. 벽화를 보면 이시스와 네프튀스가 자신들의 날개로 이집트의 왕 파라오를 보호해주는 역할을 하는 것을 알 수 있다.

이집트 신화에서는 근동 신화에 나타나는 어머니와 아들-연인 혹은 남편 관계가 두 가지 인격으로 분화되어 나타난다. 이시스 여신의 아들-연인은 사랑하는 남편인 오시리스와 아들인 호루스로 분리되어 나타난다. 그리하여 오시리스는 죽은 자의 왕이 되고 호루스는 산 자의 왕이 되는 것이다. 그러나 이것은 위대한 어머니 여신과 아들-연인의 신화 형태로 우주적인 주제의 한 변형으로서 보여진다.[13] 이시스는 죽은 오시리스의 몸에 생기를 불어넣어 새로운 생명을 탄생시킨다. 즉 이시스의 사랑하는 남편 오시리스가 아들 호루스로 다시 태어난다는 점에서 이 신화는 어머니와 아들-연인 신화의 일종이라 할 수 있다. 이시스는 위대한 어머니 여신의 영원한 생명의 원리를 상징하고 오시리스와 호루스는 변화하는 생명의 가시적 국면들을 보여 주고 있다. 이것은 메소포타미아의 두무지와 탐무즈 혹은 그리스의 아도니스 신화와 상통한다고 할 것이다.

바빌로니아 티아마트 여신의 패배와 살해

위대한 어머니 신화는 바빌로니아 신화에서 심각한 변화를 겪는다. 메소포타미아 신화에서는 위대한 어머니 신화의 세부적인 부분에 상당한 변화가 일어나고 있지만 기본적인 틀은 대부분 유지되고 있었다. 이집트 신화의 경우에도 한층 더 많은 변화가 일어났지만 어머니 여신의 이미지는 여전히 긍정적이고 강력한 힘을 발휘하고 있었다. 그러나 바빌로니아 신화에 오면 위대한 어머니 여신의 변형이 절정에 달해 위대한 아버지 신화로 전환되는 계기를 전형적으로 보여 주고 있다. 특히 위대한 어머니 여신의 수난과 살해가 처음으로 극명하게 나타날 뿐만 아니라 위대한 어머니 여신이 아주 부정적인 이미지로 변형되고 있다.

위대한 남신의 출현

바빌로니아 창조 신화 『에누마 엘리쉬 *Enuma Elish*』에는 위대한 어머니 여신인 티아마트(Tiamat)가 새로운 남신인 마르둑(Marduk)에 의해 살해당하는 이야기가 등장한다. 『에누마 엘리쉬』는 위대한 어머니 여신이 '창조를 하는' 남신으로 대체되는 최초의 이야기라 할 수 있다. 하늘이나 태양 혹은 영웅이 거대한 뱀이나 용을 무찌르는 철기 시대의 모든 신화들은 바로 여기서 유래된다.[14] 왜냐하면 이제 위대한 어머니 여신은 뱀 혹은 용으로 변형되어 새로운 남신 혹은 영웅에 의해 살해되는 운명을 겪게 되기 때문이다.

그리하여 위대한 어머니 여신에 대항하여 이 세계의 지배권을 쟁취하려는 남신의 투쟁은 바빌로니아 신화에서 가장 먼저 등장하는 것으로 보인다. 기존의 위대한 어머니 여신은 인간 의식의 발전에 따라 점차 자신이 직접 구현하던 우주의 순환론적인 변화 과정을 자신으로부터 분리되어 나온 아들이자 연인인 남신으로 하여금 대신하도록 만들었다. 즉 여신 자신은 비가시적인 세계의 변화하지 않는 영원한 생명의 원천으로만 작용하고, 남신이 가시적인 세계의 변화하는 삶과 죽음 및 재탄생의 과정을 겪도록 하였다. 그러나 이제 바빌로니아 신화에서 이러한 여신과 남신의 관계는 완전히 전복된다. 그렇지만 위대한 어머니 여신은 기존의 젊은 남신이 하던 역할을 맡는 것이 아니다. 청동기 중반 이후에 유입되는 유목 민족의 남신의 신화는 어머니 여신의 삶과 죽음에 대한 순환론적 세계관을 완전히 무너뜨렸다. 그들은 삶과 죽음을 대립 항으로 놓는 선형적 세계관을 채택하였다. 그리하여 삶은 죽음을 통해 완전히 끝나며, 그 이후에 재탄생의 과정은 없다. 따라서 위대한 어머니 여신은 죽음으로부터 재탄생할 수 없었다.

아버지 신 살해와 어머니 여신의 변형

바빌로니아의 창조 신화는 원초적인 물로부터 시작한다. 그것은 남성성과 여성성을 구현하는 지하수 신 압수(Apsu)와 바다의 여신 티아마트(Tiamat)로 특성화되어 있지만 서로 혼합된 상태로 설명된다.15) 말하자면 그들은 물의 원초적인 혼돈 상태로 우로보로스(Ouroboros)의 남성-여성의 단일성을 구성하고 있다.16) 그러나 비록 압수가 가장 오래된 존재라고는 하지만 티아마트는 모든 존재하는 것들을 최초로 나타나게 만든 존재일 것이다.17) 신도 인간도 아무것도 존재하지 않던 때에 압수와 티아마트는 라무(Lahmu)와 라하무(Lahamu)를 낳은 후에 안샤르(Anshar)와 카샤르(Kishar)를 낳았다. 안샤르는 하늘 신 아누(Anu)를 낳았고, 아누는 지하수 신 에아(Ea)를 낳았다.18) 그러나 압수는 자식들이 너무 시끄럽게 하자 견딜 수 없어 자신의 신하인 뭄무(Mummu)와 상의하여 모두 없애버리기로 결정한다. 압수가 티아마트에게 자신의 계획을 알리자 티아마트는 충격을 받아 "왜 우리가 낳은 것을 파괴하려 하는가?"라고 반발했지만 달래려고 했다.[19] 그렇지만 결국 압수는 품무의 충고에 따라 음모를 실행하려고 한다. 여기서 압수와 품무는 비록 티아마트의 반대를 수용하지는 않지만 일차적으로 자신들의 계획과 결정을 티아마트에게 알리면서 허락을 받으려 한 사실이 중요하다.[20] 이것은 고대의 위대한 어머니 여신의 힘이 여전히 티아마트로 계승되고 있다는 사실을 암시한다. 더욱이 실제로 여기서 자식들의 생명을 위협하는 존재는 아버지이며, 오히려 어머니 여신은 생명을 보호하고 유지하려는 존재로 나타난다.

최초의 아들 신들은 자신들을 살해하려는 계획을 알고 두려움에 떨지만 지하수 신 에아가 나서서 살아남을 방도를 제시한다. 그리고 그들은 압수와 품무가 잠잘 때 포박하여 왕권을 탈취한 후에 압수를 죽이고 품무를 투옥한다.[21] 그렇지만 압수가 죽은 후에도 티아마트는 여전히 살아 있었다. 얼마 동안 아무런 일 없이 평화롭고 고요한 시간이 흘렀다. 압수의 자식들 가운데 에아(Ea)는 담키나(Damkina)와 결합하여 마르둑(Marduk)을 낳는다. 마르둑은 모든 면에서 다른 신들보다 더 많이 찬양받았다.

티아마트 살해와 여신의 세계사적 패배

그러나 평화로운 시기는 아누(Anu)로 인해 끝나버렸다. 아누는 어머니 티아마트의 물을 혼란시킬 거대한 회오리 바람을

티아마트를 죽이는 마르둑.

만들어 내었다. 바람으로 인해 존재의 질서가 파괴되면서 티아마트는 생명을 주는 어머니에서 죽음을 주는 용으로 바뀌게 되어 이 세계에 재앙을 가져오게 된다. 여기서 비빌로니아 신화 속의 남신은 창조의 신이 되고 여신은 파괴의 신이 된다. 티아마트는 점점 더 흥분하여 독으로 가득 찬 열 한 종류의 괴물 뱀들을 탄생시키고 킨구(Kingu)를 그들의 대장으로 삼았다.[22] 압수의 자식 신들은 괴물 뱀들을 물리치기 위해 에아의 자식인 마르둑에게 왕좌를 약속하고 활과 화살, 번개 등의 각종 무기를 주었다. 그리고 마르둑은 바람을 이용해 티아마트와 킨구의 일당들을 모두 격퇴하게 된다.

여기서 마르둑이 티아마트를 공격하고 살해하는 장면이 아주 잔인하게 묘사되고 있다. 티아마트가 공격하기 위해 입을 벌렸을 때 마르둑은 회오리 바람을 불어넣고 화살을 쏴서 배를 찢고 심장을 조각내었다.23) 마르둑은 티아마트를 살해하자마자 그녀의 다리 위에 올라가 그녀를 짓밟고 철퇴로 두개골을 부쉈으며 동맥을 끊어버렸다. 마르둑은 죽은 괴물을 잠시 바라보다가 몸을 조개처럼 두 부분으로 갈라서 반은 위에다 놓고 하늘로 삼았으며, 반은 아래다 두고 땅으로 삼았다.24)

마르둑은 티아마트의 물을 막기 위해 하늘에 방벽을 설치하고 달에게 변화할 때마다 날과 달을 세도록 하였으며, 태양에게 낮을 책임지도록 하였다. 또한 티아마트의 머리와 젖가슴 위에 산과 언덕을 쌓아 올리고, 눈을 뚫어 티그리스 강과 유프라테스 강의 원천을 만들고, 젖가슴을 뚫어 강을 만들었다. 그녀의 꼬리는 은하수를 만들기 위해 하늘 위로 구부렸고, 하늘을 받치기 위해 가랑이를 사용했다. 이제 바빌로니아 신화에서 더 이상 티아마트로 대표되는 통제할 수 없는 자연의 강력한 힘은 숭배의 대상이 되지 못한다. 위대한 어머니 여신 티아마트는 마르둑에 의해 살해 당한 후 다시는 살아날 수 없었다. 따라서 티아마트의 살해는 '위대한 어머니 여신의 세계사적 패배'라고 할 수 있다. 그러나 비록 티아마트가 마르둑에게 패배했지만 마르둑은 티아마트 없이는 우주를 창조할 수 없다. 우주는 바로 티아마트의 '몸'으로 만들어졌기 때문이다.

영웅 신의 승리와 인간 창조

마르둑은 새로운 계획을 세워 에아에게 킨구의 피로 인류를 만들게 하여 신들의 노역을 덜었다.[25] 티아마트의 아들이자 남편이 되었던 킨구의 피는 인류의 몸을 형성하였다. 티아마트는 원래 물의 여신으로 모든 것에 생명을 주는 어머니 여신이다. 그녀는 압수가 아들 신들을 죽이려 할 때 반대하였지만 오히려 아들 신들이 압수를 죽이게 된다. 더욱이 티아마트의 물을 혼돈으로 몰아가도록 만든 것도 티아마트 자신이 아니라 아들 신 때문이었다. 그리하여 티아마트는 생명을 주는 자비로운 여신에서 생명을 빼앗는 무서운 용으로 변화된 것이다. 이것은 또한 티아마트의 변화가 자신이 아닌 타자의 힘에 의해 일어났다는 것을 암시한다. 이제 티아마트는 원시 시대를 대표하는 비합리적인 힘이며 창조적인 무의식의 힘이 되었다.[26] 반면 마르둑은 이것을 통제하는 냉혹하고 이성적인 힘으로 나타난다. 그는 유목 민족의 전쟁 신화에 나오는 전형적인 영웅 신이라 할 수 있다.

티아마트가 처녀 생식으로 낳은 킨구를 비롯한 괴물 뱀들은 청동기 초기의 위대한 어머니 여신의 아들이자 연인과 유사하다. 티아마트는 압수의 아들들에게 대항하기 위해 처녀 생식으로 아들 킨구를 낳아 연인으로 삼는다. 그러나 기존의 위대한 어머니 신화와는 달리 킨구는 물론이고 티아마트 자신도 완전히 살해되는 것으로 나타난다. 원래대로라면 티아마트는 어머니로서 영원히 살아 있는 생명력으로 작용하고 킨구는 죽었다가 다시 살아나는 아들-연인으로 변화하고 순환하는 생명력으로 작용해야 할 것이다. 그러나 티아마트와 킨구는

제3의 존재의 출현으로 말미암아 삶과 죽음, 빛과 어둠, 질서와 혼돈과 같은 완전한 이분법의 세계에서 죽음과 파괴 및 어둠의 세력으로 규정되었다.

마르둑은 티아마트를 재료로 삼아 우주를 만들어냈다. 사실 마르둑은 기존의 위대한 어머니 여신의 신화에서는 찾아볼 수 없는 새로운 유형의 남신이다. 그는 우주의 창조주 혹은 제작자로 등장한다. 마르둑은 아무것도 없는 것에서 새로운 것을 창조하는 신이 아니라 티아마트라는 우주적인 몸을 가지고 이 세계의 질서를 창조한 것이다. 그렇지만 그리스 신화에서 이러한 특징은 구체적으로 드러나지 않는다. 그리스 신화에서는 새로운 남신이 어머니를 살해하고 그 몸으로 우주를 만드는 방식으로 설명되고 있지는 않다. 오히려 우주는 어머니 여신인 가이아가 아들이자 남편인 남신 우라노스와 폰토스 등과의 결합을 통해 '낳는' 방식으로 생성된다. 이것은 유대 및 기독교 신화 속에 유사한 형태로 계승되어 있다. 비록 기독교 신화에서 마리아는 어머니 여신이 아닌 인간 '여인'으로 나타나지만 성령의 힘으로 예수를 수태하고, 예수는 죽음을 통해 부활하는 '아들'의 역할을 하는데서 청동기 신화의 위대한 어머니 여신과 아들-연인의 원형적 모습을 엿볼 수 있는 것이다. 그렇지만 기독교 신화에서는 위대한 어머니 여신이 거의 완벽하게 제거되어 어머니 여신의 흔적은 찾아보기조차 힘들다. 그래서 기독교 신화에서 위대한 아버지와 아들의 신화라는 새로운 형태의 남신의 신화가 등장할 뿐이다.

바빌로니아 신화에서 위대한 어머니 여신 티아마트가 마르둑에게 살해된 이후에 무대에서 완전히 사라져버렸지만, 기독교 신화에서 야웨(Yahweh)는 더 이상 대항할 여신이나 여신과 비슷한 어떤 것과도 관계를 갖지 않는다. 단지 그만이 홀로 존재하는 최고의 유일신이다. 그는 마르둑과 마찬가지로 이 세계를 창조하는 신이다. 따라서 우리는 여기서 바로 위대한 아버지 신화 탄생의 초석을 발견할 수 있는 것이다.

그리스 올림포스 신화의 결혼과 종속

    위대한 어머니 여신은 바빌로니아의 신화에서 영웅적 남신에게 패배하여 살해 당하지만, 그리스 신화에서는 비록 남신들에게 패배를 당하나 살해되지는 않는다. 그리스 신화의 여신들은 또 다른 방식으로 변형을 하게 된다. 그 변화는 여신들의 기능이 대폭 축소되고 제한되거나 또는 본래적인 기능과는 다른 하찮은 역할을 담당하는 방식으로 일어난다. 물론 이것은 여신을 직접 살해하는 방식과는 다르지만 '제2의 살해'라 할 수 있다. 왜냐하면 그리스 여신들은 때때로 그 이미지가 왜곡된 채 훨씬 부정적인 모습으로 인간 의식의 거울 속에 비춰지기 때문이다. 그리스 신화에 나타난 위대한 어머니 여신의 위상을 크게 태초로부터 제우스 이전과 이후로 구별해서 설명

할 수 있을 것이다.

가이아의 우주 생성과 우라노스의 통치

그리스 창조 신화에서 위대한 어머니 여신은 우주를 생성한 후에 남신들과의 전쟁을 벌인다. 그러나 위대한 어머니 여신이 직접적으로 전쟁에 참여하기보다는 어머니 신의 아들들과 아버지 신의 아들들이 대리전을 치루는 것으로 나타난다. 태초에 가이아(Gaia) 여신은 모든 것을 생성해내는 창조주로서 기능하였다. 위대한 어머니 여신 가이아는 한편으로는 처녀생식으로 우라노스(하늘), 폰토스(바다), 산들과 같은 자식들을 낳았고, 다른 편으로는 우라노스(Ouranos)와 폰토스(Pontos)와 각각 결합하여 또 다른 자식들을 낳았다.

그러나 가이아는 특히 우라노스와의 실질적인 결혼 관계를 통해 우주의 통치권을 잃는 것으로 나타난다. 그녀는 우라노스와의 사이에서 자식들을 갖지만 심한 고통을 당한다. 그리하여 가이아는 우라노스와 결합하여 낳은 티탄족 신들 가운데 가장 어린 아들인 크로노스를 통해 우라노스를 거세시킨다.[27] 그러나 이제 가부장적인 그리스 신화 속에서 우주의 지배권은 아버지 신의 혈통을 따라 세습되며 어머니 여신은 배후로 물러날 수밖에 없다. 따라서 우라노스의 지배권은 아버지를 거세한 크로노스에 의해 계승되고, 크로노스의 지배권은 아버지와 싸워 이긴 제우스에 의해 계승된다.

제우스의 세 번의 전쟁

　제우스는 이 세계의 지배권을 차지하기 위해 두 차례의 전쟁을 치르게 된다. 하나는 티탄족(Titanes)과의 싸움이고 다른 하나는 거인족(Gigantes)과의 싸움이다.[28) 우선 제우스가 티탄족과 전쟁하여 승리하는 데 결정적인 역할을 하는 자가 바로 가이아 여신이다. 그리스 신화 속의 가이아 여신은 우주 창조 이후 단순히 땅의 여신으로서의 형식적인 기능 외에 다른 모든 기능을 남신들에게 빼앗겼지만, 신들의 전쟁에서는 여전히 신탁의 특성을 가진 충고나 조언을 통해 실질적인 영향력을 발휘하고 있다. 땅의 여신 가이아는 항상 하늘을 지배하는 신과 대립적이며 적대적인 존재로 등장한다.

　사실 티탄족과 거인족은 모두 가이아의 자식이다. 그러나 티탄족은 가이아가 우라노스와 성적 결합을 통해 낳은 자식들이고, 거인족은 우라노스가 거세되었을 때 흘린 피를 받아 가이아가 홀로 낳은 자식들이다. 그런데 가이아는 티탄족과 거인족에 대해 아주 다른 태도를 취하고 있다. 일단 가이아는 제우스가 우라노스의 아들들인 티탄족과 싸울 때 제우스 편을 들어 승리할 수 있는 방법을 일러준다. 그것은 땅 속의 가장 깊은 곳에 갇혀 있던 우라노스의 자식들, 즉 백 개의 팔을 가진 세명의 괴물들인 브리아레오스(Briareos)와 코토스(Kottos) 및 귀에스(Gyes)의 도움을 받는 것이었다. 제우스는 그들에게 구해준 대가로 티탄족과의 싸움에 참여할 것을 요구하였고,

제우스와 튀포이우스 혹은 튀파온.

결국 그들은 전쟁을 승리로 이끌어갔다. 또한 제우스는 바다 깊은 곳에서 퀴클로페스(Kyklopes)를 구해준 대가로 자신의 무기인 천둥과 번개를 얻어 결정적으로 승리를 획득하였다.[29]

그런데 가이아는 제우스와 티탄족과의 전쟁 이후에 가장 나이 어린 아들인 튀파온(Typhaon) 혹은 튀포이우스(Typhoeus)를 낳았다. 그는 티아마트가 처녀 생식으로 낳은 아들인 킨구와 마찬가지로 용 혹은 뱀의 형상을 가지고 있으며 가이아의 자식들 가운데 가장 크고 강한 아들이었다. 제우스는 튀포이우스와의 싸움에서 손발의 근육을 잘리는 수모를 당했으나 자신의 자식인 헤르메스의 도움으로 체력을 회복하여 운명의 여신들에게 속은 튀포이우스를 물리친 것으로 나온다.[30] 그리하여 이제 가이아 여신은 하늘을 제패한 제우스와 다시 대립적인 관계를 갖게 된다.

그래서 제우스가 거인족과 전쟁을 할 때 가이아는 전혀 다른 입장을 취한다. 그녀는 티탄족과의 전쟁에서 제우스의 편을 든 것과 달리 이제 거인족과의 전쟁에서는 거인족의 편을 든다. 더욱이 티탄족과의 전쟁에서 제우스를 도와 승리로 이끈 가이아의 자식들인 백 개의 팔을 가진 괴물들도 거인족의 편을 들었다.31) 제우스는 승리하기 위해서는 인간 어머니의 몸에서 태어난 두 명의 신들, 디오뉘소스(Dionysos)와 헤라클레스(Heracles)의 도움을 받아야 했다. 근본적으로 가이아 여신은 땅의 여신이기 때문에 하늘 신과 그의 자식들에게 적대적이라고 할 수 있다.32) 그래서 가이아는 제우스가 우라노스의 아들들과 싸울 때는 제우스의 편을 들어주었지만, 제우스가 하늘 신의 지위를 획득하고 땅의 자식들인 거인족과 싸울 때는 거인족의 편을 들어줄 수밖에 없었던 것이다.

그러나 결국 그리스의 위대한 어머니 여신과 아들-연인 신들은 새로운 전쟁의 신에 의해 완전히 패배당한다. 바빌로니아 신화에서 티아마트와 킨구가 마르둑에게 패배한 것처럼 그리스 신화에서 가이아와 튀포이우스 및 거인족은 제우스에게 패배하고 만다. 그렇지만 티아마트와 킨구가 마르둑에 의해 살해당하는 것과는 달리 비록 가이아의 자식들인 튀포이우스와 거인족들은 죽었지만 가이아는 살해당하지 않았다. 가이아 여신은 우주 창조 이후에 단순히 땅의 여신으로 역할 자체가 제한되었기 때문에 살해될 필요까지는 없었다.

여신들의 기능 축소와 종속 관계

본래 그리스 신화 속에 나타나는 다양한 여신들은 모두 위대한 어머니 여신이 갖고 있던 기능들을 나눠 가지고 있는 것으로 보인다. 그리하여 올림포스의 남신들과 마찬가지로 원래 여신들도 각기 고유한 특성과 중요한 기능을 갖고 있다. 그러나 실제로 우리가 알고 있는 그리스의 여신들은 대부분 별다른 역할을 가지고 있지 않거나[33] 혹은 중요한 기능을 하더라도 중성화되거나 남성 우호적인 특징을 가지고 있다. 일단 우리는 그리스 여신들을 크게 두 부류로 나눌 수 있다. 그리스 여신들의 두 집단을 명확하게 구별짓는 기준은 바로 '결혼'이다. 즉 결혼한 여신들과 결혼하지 않은 여신들은 각자 담당하고 있는 기능이나 역할 및 권위 등에서 확연하게 차이가 난다.

특히 결혼한 여신들은 대부분의 남신에 비해 권위와 위신이 땅에 떨어진 채로 등장한다. 가령 헤라(Hera)는 그리스 신화 속에서 올림포스의 지배자인 제우스의 아내로서 질투만 일삼는 여신으로 나타난다. 그러나 헤라만이 올림포스의 신들 가운데 유일하게 제우스에게 저항하고 반기를 들었던 강력한 여신이었다.[34] 더욱이 그녀는 하늘과 땅을 지배하던 헬레네 민족 이전의 신화 속에서 위대한 어머니 여신의 특징을 그대로 물려받고 있다. 아프로디테(Aphrodite)도 실제로 자신의 기능에 비추어 결혼이라는 굴레가 적절하지 않은데도 불구하고 가부장적 사유에 의해 헤파이스토스와 결혼한 여신으로 등장한다. 결국

헤라.

그녀는 전쟁의 신 아레스와의 관계로 인해 다른 그리스 신들에게 권위와 위엄이 추락하는 공개적인 망신을 당한다. 물론 결혼한 여신들 가운데도 애초부터 남신들에게 순종적이고 복종적인 여신들은 전혀 문제가 되지 않는다. 그들은 때로 특별

한 기능이나 고유한 특성조차도 없는 얼굴 없는 여신들로 나타난다. 또한 남신과 '비공식적인' 결혼 관계에 있는 여신들의 경우에도 자신의 고유한 기능과 역할을 박탈당하지는 않는다. 왜냐하면 이러한 여신들은 남신들에게 강제적으로 복종을 당하는 것으로 나타나기 때문이다.

물론 그리스 여신들이 모두 이와 같이 별다른 중요한 기능도 담당하지 않은 채 하찮게 나타나지는 않는다.[35] 대부분의 결혼하지 않은 처녀신들은 다른 여신들에 비해 상당히 중요한 역할을 부여받고 있다. 가령 아테나(Athena) 여신은 지혜와 기술 및 전쟁의 중요한 기능을 갖고 있으며, 아르테미스(Artemis) 여신도 사냥과 동물 및 출산의 여신으로 고유한 기능을 가지고 있으며, 헤스티아(Hestia) 여신은 부계 혈통을 보존하는 가부장제의 대표적인 기능을 가지고 있다.

그러나 그들은 모두 불분명한 성정체성을 가지거나 왜곡된 성의식을 가진 여신으로 나타난다. 가령 아테나는 아버지 제우스의 머리에서 중무장을 하고 나온 여신으로 자신을 어미 없는 자식이라 하며, 아버지의 딸로 자처하고 진정으로 남성의 편이라 주장한다.[36] 더욱이 그녀는 헤파이스토스가 자신에게 덤벼들었다가 다리에 흘린 정액을 아무렇지도 않은 듯이 양털로 닦아버리는 감정이라고는 전혀 갖고 있지 않은 중성화된 여신으로 나타난다. 아르테미스 여신은 순결에 대해 일종의 강박관념을 가진 여신으로 나타난다. 이것은 가부장제 신화에 나타나는 순결과 정숙의 이데올로기를 대표하는 여신상으로 자신을 훔쳐본 악타이온을 찢어죽게 만드는 등 지나치게 왜곡된 성 관념을 가졌다고 볼 수 있다.

여신 살해와 결혼의 원리

바빌로니아 신화에서 위대한 어머니 여신과 남신의 대결 구도는 영웅적인 남신이 어머니 여신을 '살해'하는 극단적인 방식으로 결말나지만, 그리스 신화에서는 새로운 남신의 신화가 위대한 어머니 신화를 흡수하여 통합하는 방법의 일환으로 '결혼'의 형식을 빌리고 있다.37) 그렇지만 그리스 신화의 흡수 및 통합의 방식은 일방적인 측면을 가지고 있기 때문에 항상 '강제적인' 특징을 띠고 있다. 가령 제우스가 다른 여신들이나 여인들과 관계를 맺는 방식은 대부분 제우스가 자신의 모습을 비둘기나 독수리 또는 황소 등으로 위장 접근하여 반강제적으로 결합하는 특징을 가지고 있다. 그리하여 그리스 여신들의 위상은 특히 결혼이라는 관계를 통해 분명하게 구별된다.

대부분 그리스 여신들은 공식적인 결혼을 통해 전적으로 본래의 능력을 흡수당하거나 또는 비공식적인 결혼을 통해 자식들을 낳아 자신이 가졌던 세부적인 능력들을 나눠주고 단지 여성적 특성과 관련된 일부 기능만을 유지하거나 상징적인 의미로서 남게 된다. 그렇지 않으면 아예 결혼을 하지 않는 처녀 신으로 존재하며 가부장제 신화의 위계질서와 가치관을 수용하고 수호하는 역할을 한다. 그러나 비록 그리스 여신들이 '결혼'이라는 상징적인 행위를 기준으로 하여 각기 다른 방식으로 자신의 기능을 보존하지만, 결국 올림포스의 최고신 제우스에 대해서는 종속적인 지위를 가질 수밖에 없게 된다.

그리스 영웅 신화의 괴물 살해와 변형

위대한 어머니 여신과 여성 괴물

기본적으로 그리스의 올림포스 여신들은 모두 자신들이 갖고 있던 기존의 기능들을 대부분 박탈당하거나 또는 최소한의 기능만을 유지하고 있는 형식으로 나타난다. 그래서 올림포스의 여신들의 경우는 비록 남신들에게 종속적인 위치를 차지할 수밖에 없었지만 최소한 여신으로서의 권위는 갖출 수 있었다. 그러나 올림포스 신화 속에 통합되지 못한 헬레네 민족 이전의 그리스 주민들이 숭배하던 위대한 어머니 여신과 관련된 크고 작은 신성들은 부정적인 가치를 부여받게 된다. 그리스 신화에 나타나는 대부분의 괴물들은 여성성을 갖고 있다. 왜 수많은 괴물들은 여성일까? 아마도 그것은 청동기 중반 이후에 충돌한 농경문화의 위대한 어머니 여신의 신화가 유목문화의 남신의 신화에게 패배하여 흡수 및 통합되는 과정에서 세계에 대한 이분법적인 사유 방식과 가치관에 의해 세례받았기 때문일 것이다.

그리스 신화 속에서 위대한 어머니 여신의 특성을 강하게 물려받은 존재들은 아들 혹은 딸을 막론하고 괴물로 형상화되었다. 그리하여 그리스 신화 속에는 남성 괴물과 여성 괴물이 있는데 대부분의 괴물들이 '여성성'을 훨씬 더 강하게 가지고 있다. 초기에는 남성 괴물들도 나타나다가 후기에는 대체로 여성 괴물들이 나타난다. 대부분의 남성 괴물들은 비록 남성성으로 대표되지만 근본적으로 여성적인 특성을 가진 존재들로 이해되고 있는 것이다.

뱀의 상징과 변형

고르고

일반적으로 괴물들은 동물이나 인간의 특정한 신체 부위를 지나치게 증대 혹은 감소시키는 방식으로 만들어졌거나, 동물과 인간의 다양한 부분들을 결합시키는 방식으로 만들어졌다. 괴물들을 형상화하는

데 사용된 요소들을 살펴보면 위대한 어머니 여신의 대표적인 상징 동물인 뱀과 새의 특성을 많이 가지고 있는 것을 알 수 있다. 우선 '뱀'의 특성은 주로 위대한 어머니 여신의 대표적인 특성인 땅과 지하세계의 물과 관련이 있다.[38] 이러한 괴물들로는 가이아의 가장 어린 자식인 튀포이우스를 비롯하여 에키드나(Echidna), 에리뉘에스(Erinyes), 고르고네스(Gorgones) 등이 있다.

대부분의 괴물들은 하체가 뱀이라든가 또는 머리카락이 뱀으로 나타난다. 가령 튀포이우스는 가이아 여신의 아들로 남신이지만 근본적으로 위대한 어머니 여신의 남성적 원리를 객관화한 존재로 종속적인 위치를 가지고 있다. 특히 에키드나

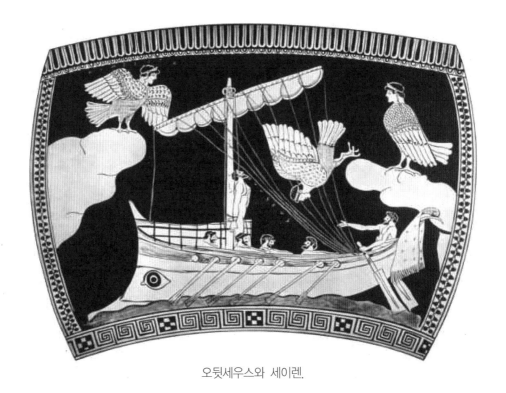

오뒷세우스와 세이렌.

는 튀파온과 결합하여 수많은 괴물들의 어머니가 되는데 상체
는 아름다운 젊은 여인의 모습이지만, 하체는 거대한 뱀의 모
습을 하고 있다. 그녀는 나중에 헤라클레스의 모험에 나오는
수많은 머리가 달린 물뱀인 레르나의 휘드라(Hydra)와 벨레로
폰에 의해 살해당하는 사자와 염소와 뱀의 결합으로 이루어진
키마이라(Chimaira), 그리고 헤스페리데스의 황금 사과를 지키
는 뱀인 라돈(Ladon) 등을 낳았다.

새의 상징과 변형

다음으로 '새'의 특성도 위대한 어머니 여신의 대표적인 특
성인 하늘의 물과 관련되어 있다. 아름다운 여인의 얼굴에 새
의 몸을 가진 하르퓌이아들(Harpyiai)과 여인의 얼굴에 사자의
몸과 날개가 달린 스핑크스(Sphinx), 여인의 얼굴에 새의 몸을
가진 세이렌들(Seirenes) 등이 있다. 이들은 일반적으로 어린아
이들을 잡아채어가거나 혹은 지나가는 행인들을 잡아먹거나
또는 바다의 선원들을 잡아먹는 무서운 요괴로 알려져 있다.
'낚아채어가는 자'라는 의미를 가진 하르퓌이아들은 강풍처럼
재빨리 움직이고 파괴력을 가진 것으로 알려져 있다.

그러나 하르퓌이아들은 원래 바람의 정령들로 단지 생명을
빼앗아가는 역할만 하는 것이 아니라 생명을 주는 역할도 하
는 양 측면을 가진 존재들이었다. 그 밖에도 위대한 어머니
여신의 상징인 '개'의 특성을 가진 괴물들도 상당히 많다고

할 수 있다. 지하세계의 사냥개인 머리 셋 달린 케르베로스 (Kerberos)와 게뤼오네우스(Geryoneus)의 머리 셋 달린 오르토스(Orthos)도 있다. 또한『오뒷세이아』에 등장하는 포르퀴스의 딸 스퀼레(Skylle)도 어린 암캐의 목소리를 내며 상체는 아름다운 여인의 모습이지만 하체는 물고기의 형상을 하고 있을 뿐만 아니라 개 여섯 마리의 머리들이 허리를 둘러싸고 있는 것으로 알려져 있다.[39]

괴물들은 그리스 신들과 영웅들의 신화에서 바로 헬레네 민족 이전의 위대한 어머니 여신의 특징을 가장 잘 드러내고 있다. 사실 구석기와 신석기 시대의 위대한 어머니 신화 속에서 '뱀'이나 '새' 혹은 '개' 등은 여신의 초월적 능력을 상징하는 궁정적인 가치를 가지고 있었다. 그러나 대부분의 경우에 위대한 어머니 여신이 가졌던 다양한 상징들은 가부장제 신화 속으로 통합되는 가운데 부정적인 가치를 부여받게 되면서 사악하고 흉측한 괴물의 속성으로 변형된 것이라 할 수 있다.

여성 괴물의 원형적 모습

그리하여 가부장제가 확립된 그리스 사회의 신화 속 크고 작은 괴물들은 대부분 여자 요괴로 등장한다. 초기에는 이성적이고 합리적인 질서를 대변하는 남신들 가운데도 괴물이 등장하는데, 그나마 대부분의 남자요괴들은 어머니 여신의 사랑하는 아들로서 뱀으로 형상화된 여성성의 원리를 내재하고 있다. 여성 괴물들은 대부분 치명적인 죽음을 가져오는 아름다움과 추함을 공유하고 있으며, 죽음으로 유혹하는 강력한 힘을 가지고 있다. 따라서 하르퓌이아와 세이렌 및 에리뉘에스 등 대부분의 여성 괴물들은 죽음의 힘과 관련되어 있다.

그러나 실제로 여성 괴물들은 처음부터 그리스 신화 속에서 파괴적이고 치명적인 능력을 갖고 있었던 것은 아니다.[40] 우리에게 잘 알려진 스핑크스의 경우도 원래는 신탁과 관련 있는 요괴로 질문을 하는 입장이 아니라 대답을 하는 입장이었다.[41] 그러나 스핑크스는 그리스 신화와 비극에서 괴물로 변형되어 등장한다. 일반적으로 오이디푸스 신화를 통해 잘 알려진 스핑크스는 지나가는 사람들에게 수수께끼를 내고 대답하지 못하면 잡아먹는 요괴로 알려져 있으며, 아이스퀼로스의 『테베를 공격하는 일곱 장수들』에서는 무서운 요괴로 등장하여 '국가의 치욕'이며 '날고기를 먹는 자'로 표현되었다.[42]

하르퓌이아도 바람의 정령으로 인간을 잡아가 죽음에 이르게 하는 역할을 하는 것으로 나타난다. 그러나 그들은 단지 인간에게 죽음뿐만 아니라 생명을 주는 역할도 한다.[43] 하르퓌이아들은 초기에는 부드럽고 아름다운 모습을 가진 것으로 그려졌으나, 후대에는 본래의 기능이나 역할과는 상관없이 악귀 같은 모습으로 그려진다. 가령 트라케의 왕인 피네우스(Phineus) 이야기에서 하르퓌이아들은 피네우스가 식사를 하려하면 음식을 대부분 빼앗아 가고 남은 것을 지저분하게 더럽히는 마귀들로 변형되어 나타난다.[44]

이와 같이 그리스 신화 속의 여성 괴물들은 때로는 원래의 모습과 기능이 아주 심각하게 변형된 채로 등장하기도 한다. 그들은 대부분 영웅들에 의해 처단되거나 살해되어야 할 운명을 가진 존재들이다. 그리스의 대표적인 영웅인 헤라클레스는 헤라로 이어지는 위대한 어머니 여신의 변형적 상징물들인 레르나(Lerna)의 휘드라(Hydra), 네메아(Nemea)의 사자, 스튐팔로스(Stymphalos)의 새, 크레테(Crete)의 황소 등을 처단하였으며, 그 밖에도 페르세우스는 메두사(Medusa)를, 벨레로폰은 키마이라(Chimaira)를, 테세우스는 미노타우로스(Minotauros) 등을 처단하였다. 모든 영웅 신화에서 괴물 살해(monstercide)는 기본적인 요소이다.

그리스 영웅 신화의 정신분석학

영웅 신화와 괴물 살해

그리스의 남신들과 남자 영웅이 공통적으로 대적하는 괴물들이 가지는 대표적인 특징은 뱀 혹은 용으로 형상화되어 있다는 점이 주목할 만하다. 특히 용은 대부분의 경우에 날개 달린 뱀의 이미지로 등장하는데, 그것은 위대한 어머니 여신의 대표적인 상징 동물인 새와 뱀을 결합시킨 것이다. 따라서 위대한 어머니 여신의 무한한 생명력을 극대화시킨 것으로 이해할 수 있다. 그렇지만 청동기 중반 이후에 새로운 가부장제 신화의 영웅적 남신이 등장하면서 용은 아주 강력하지만 사악하고 파괴적인 이미지를 부여받고 있다. 용은 단지 그리스 신화에만 국한되지 않고 다른 많은 신화에도 즐겨 등장하는 괴물이다. 먼저 우리는 바빌로니아 신화에서 위대한 어머니 여신이 어떻게 용으로 변형되었으며, 어떻게 새로운 남신 마르둑에 의해 살해되었는가를 적나라하게 보았다. 마르둑은 위대한 어머니 여신인 티아마트를 살해함으로써 바빌로니아 신화에서 최고신으로 자리잡는다.

이와 같이 그리스 신화에서도 제우스는 가이아의 '가장 어린 아들'이면서 아주 강력한 튀포이우스를 살해하고 거인족을 축출한 후에 올림포스의 최고신으로 등극한다. 또한 아폴론도 델포이에서 고대의 테미스의 신탁을 보호하는 임무를 맡았던 때로는 퓌톤(Python)이라 불리고 때로는 델퓌네(Delphyne)라 불리는 용을 살해한 후에야 공식적으로 델포이 신전을 지배하였다. 더욱이 전혀 여신이 등장하지 않는 기독교에도 용 혹은 뱀은 신과 인간에게 적대적인 세력으로 그려지고 있으며, 성 미카엘과 성 조지도 용과 싸웠던 것으로 이야기된다.

영웅의 남성성과 괴물의 여성성

영웅 신화에 등장하는 용을 비롯한 여성 괴물들은 영웅들이 모험을 떠날 때 마주하게 되는 장애물이다. 영웅들은 반드시 괴물을 물리쳐야만 보물을 얻을 수 있다. 정신분석학에서 용으로 대표되는 괴물들은 인간의 무지와 무의식을 상징한다. 그리하여 신화 속의 여성 괴물들은 영웅적인 인간 의식의 발

헤라클레스와 휘드라.

전 과정에서 극복해야만 하는 무의식적인 요소로 해석된다. 따라서 괴물과의 투쟁은 영웅 자신의 내적 어둠인 공포와 무지로부터 벗어나는 것이다.

노이만(E. Neumann)은 인간의 의식은 '남성성'으로 경험되며, 남성성 자체가 의식과 동일시되고 가부장제 세계의 발전과 더불어 발전한다고 말한다. 또한 인간의 무의식은 여성성뿐만 아니라 남성성을 포함하고 있지만 대부분 여성적인 것으로 상징화되고 있다고 주장한다. 그리하여 노이만은 위대한 어머니 여신에 대해 남자 영웅들이 영웅적인 투쟁을 벌이는 것을 무의식에서 벗어나 자아의 의식으로 발전해가는 과정으로 설명한다.45)

이것은 가부장제 신화 속에서 남성에게 이질적이고 낯선

존재로 다가오는 여성성의 원리를 일방적으로 비합리적이며 비이성적인 것으로 규정한 것에 불과하다. 그리하여 이와 같이 성차별주의에 입각한 편파적인 남성적 관점은 여성이라는 타자를 괴물로 특징짓고 만 것이다. 이것은 그리스 초기와 달리 중반 이후에 등장하는 괴물들의 대다수가 여성이라는 사실을 통해 알 수 있다. 나아가 정신 분석학자들은 영웅 신화 속에 등장하는 괴물들을 무지와 무의식을 상징하는 것으로 주장하지만 초기 여성 괴물들 가운데 세이렌은 음악의 정령이고, 스핑크스는 지혜의 정령이었다. 따라서 이러한 괴물들을 모두 극복해야 할 무의식적 요소로 일반화시켜 부정적이고 적대적인 세력으로 만드는 것은 심각한 오해를 불러일으킬 수 있다. 그래서 영웅신화에서 만나는 괴물 모두가 죽을 수밖에 없는 운명인 것이다. 바빌로니아 신화에서 위대한 어머니 여신이 영웅적인 남신에 의해 살해당하듯이, 그리스 신화에서 심각하게 변형된 여성 괴물들은 영웅적인 남자에 의해 살해당한다.

위대한 어머니 여신과 영웅

그러나 우리는 그리스 영웅 신화가 비록 철기 시대의 아버지 신화의 하부 구조를 이루고 있지만 원시 시대의 위대한 어머니 여신의 기본적인 틀을 간직하고 있다는 것 또한 알 수 있다. 영웅이 수많은 모험을 하며 통과해야 할 관문은 이 세계와 저 세계를 가로지르는 관문이다. 원래 가부장제의 아버지 신화에서는 삶과 죽음은 대립적인 구도를 이루며 삶의 끝은 죽음이므로 재탄생의 과정은 나타나지 않는다.

그러나 영웅들은 이 세계와 저 세계를 넘나드는 힘을 가지고 있다. 헤라클레스가 여러 괴물들 및 어둠의 신들과 싸우며 지상과 지하세계를 넘나들었던 것처럼 테세우스도 페르세포네를 납치하기 위해 지하세계를 여행하였고, 오뒷세우스(Odysseus)도 고향으로 돌아가기 위해 지하세계를 여행하였다.[46] 이와 같이 영웅 신화의 대표적인 영웅들은 자신의 삶의 최대 시련이자 모험으로 죽음을 무릅쓰고 지하세계로 들어갔다가 되돌아오는 과정을 겪는다. 그들은 비록 상징적이지만 삶과 죽음 그리고 재탄생이라는 위대한 어머니 여신의 순환적 과정을 답습한다. 그것은 청동기 초기에 나타나는 위대한 어머니와 아들-연인 신화가 변형된 것으로 보인다.

영웅 신화의 이원적 가치관

영웅 신화 속에서 위대한 어머니 여신은 이원적인 가치 질서에 의해 분열을 일으키는 것으로 보인다. 즉 여신의 부정적 측면은 영웅과 대적하는 괴물로 형상화된 반면, 여신의 긍정적 측면은 영웅을 도와주는 여신으로 형상화된다. 그래서 영웅은 한편으로는 반드시 여성적인 괴물과 투쟁하고 살해해야 하지만, 다른 한편으로는 후원자로서 여신의 도움을 받지 않으면 안 된다. 따라서 영웅은 위대한 아버지 신화의 하부 구조로서 새로운 합리적 질서를 위협하는 괴물을 살해하는 임무를 갖는 동시에 어머니와 아들-연인의 관계와 유사하게 여신의 도움으로 죽음을 극복하게 된다.

따라서 우리는 영웅 신화 속에서도 여전히 어머니 여신의 거대한 영향력을 찾아볼 수 있다. 그렇지만 이것은 위대한 아버지 신화의 결정판인 기독교 신화 속에서는 거의 자취를 감추고 있다. 여신은 위대한 아버지 신화 속에서는 도대체 찾아볼 수가 없다. 위대한 어머니 여신은 완전히 축출되어 버렸기 때문에 신성한 여성성의 원리는 아예 존재조차 하지 않는다. 단지 이 세계의 여인은 악의 원천으로만, 뱀 혹은 용은 악의 상징으로만 존재한다.

그리스 비극의 어머니 살해와 가부장제

어머니 살해와 전생설

  그리스 신화 속에 등장한 위대한 어머니 여신은 그리스 비극에서 다시 한번 살해당한다. 위대한 어머니 여신은 비록 바빌로니아 신화에서 살해당한 것처럼 그리스의 올림포스 신화에서는 살해당하지 않았지만, 영웅 신화나 비극 작품 속에서는 괴물과 인간의 모습으로 수없이 살해당했다. 그리스의 가부장제를 대표하는 남신 아폴론은 오레스테스(Orestes)에게 어머니 클뤼타임네스트라(Clytaimnestra)를 죽이라는 신탁을 내린다. 그리하여 오레스테스는 자신의 어머니를 살해했다. 왜 그는 어머니를 죽였는가? 어머니는 자신을 낳아준 아버지를 죽

달아나는 클뤼타임네스트라와 오레스테스.

였기 때문이다. 그렇다면 어머니는 자신을 낳아주지 않았단
말인가?

엄밀히 말하자면 그리스의 어머니들은 진정한 어머니가 아
니다. 어머니는 단지 자식을 낳는 도구에 불과할 뿐이며, 아버
지가 실제로 자식을 낳게 해주는 존재로 여겨졌기 때문이다.
따라서 아버지의 자식은 있어도 어머니의 자식은 없다고 할
수 있는 것이다. 아폴론은 어머니를 살해한 오레스테스를 변호
하며 어머니는 자식의 생산자가 아니라 '양육자'에 불과하다
고 주장한다.[47] 실제로 이러한 생각은 당시 그리스 의학에서
이미 남자의 정자 속에 아주 작은 인간이 들어 있어 단순히 자

라기만 하면 된다는 전생설(preformationism)로도 이론화되어 있었다.[48] 따라서 어머니는 실제로 자식이 생기는 데 전혀 영향을 미치지 않으며 단지 자궁 속에서 양육하는 역할만 한다고 생각되었다.

아테나 신화의 왜곡과 변형

더욱이 아폴론은 아테나 여신과 같이 어머니 없는 자식도 있으며, 어떠한 어머니도 아테나와 같은 자식을 낳은 적이 없다고 강조한다. 아테나도 자신을 낳아준 어머니가 없기 때문에 '진심으로 남성 편이며, 전적으로 아버지 편'이라고 주장한다.[49] 이것은 제우스가 마치 처녀 생식을 하여 아테나를 낳은 것으로 생각하게 만든다. 그렇지만 신화 속에서 제우스는 메티스(Metis)가 자신의 왕권을 찬탈할 자식을 낳으리라는 신탁에 놀라 임신한 메티스를 통째로 삼켰다가 얼마 후에 심한 두통 때문에 헤파이스토스의 도움을 받아 두개골을 가르자 아테나가 완전무장을 한 채로 나온 것으로 되어 있다.[50] 그러므로 엄밀히 말하자면 아테나가 어머니가 없다는 것은 그리스 사회의 왜곡된 상상력의 발로일 뿐이다.

메티스는 아테나를 임신한 채로 제우스에게 먹혔고, 아테나는 메티스에 의해 탄생하여 제우스의 머리를 통해 세상에 나온 것일 뿐이다. 따라서 정확하게 아테나를 낳아 준 것은 제우스가 아니라 메티스이다. 실제로 그리스 신화 속에서 여신이

'처녀' 생식하는 경우는 있지만 남신이 처녀 생식하는 경우는 없다.51) 그렇지만 그리스 비극 작가들의 상상력 속에서 아테나는 철저히 남성 편으로 그려지고 있다. 실제로 그리스 영웅 신화에서 아테나는 영웅들을 수호하는 대표적인 여신으로 등장한다. 그리하여 아테나는 오레스테스의 어머니 살해에 대한 재판을 열면서 처음부터 만일 찬반이 동수로 표결되면 무죄 판결을 하겠다고 규정해 놓고, 결국 마지막에 오레스테스를 위해 자신의 표를 던진다. 결국 인류 역사상 최초로 어머니를 살해한 오레스테스는 공식적으로 무죄로 판명되어 방면된다.

오이디푸스와 가부장제 신화

물론 그리스 신화와 비극에는 어머니 살해만 나오는 것이 아니다.52) 우리가 이미 잘 알고 있듯이 오이디푸스 신화에는 아버지 살해가 나온다. 그리스 사회와 같은 가부장제 사회에서 클뤼타임네스트라처럼 '남편' 아가멤논을 죽이거나 혹은 오이디푸스처럼 '아버지' 라이오스(Laios)를 죽이는 것은 가장 극악한 범죄이다. 왜냐하면 남편이나 아버지는 한 집안을 지배하는 가장이며 가문의 혈통을 잇는 상속자이기 때문이다. 아버지를 살해한 자는 도시 밖에서 돌에 맞아 죽은 후에 매장되지도 못한 채 내버려지는 참형을 당하는 것이 마땅한 것이었다.53)

그렇지만 오이디푸스는 아버지를 아버지로 알고 죽인 것이 아니라 모르고 죽였기 때문에 공개적으로 처벌을 받지 않았다.

그는 스스로 자신에게 형벌을 내려 눈을 찌르고 방랑 생활을 한 것이다. 그리스 사회에서는 알고 행한 것은 악(kakia)으로 규정되지만 모르고 행한 것은 과실(hamartia)로 평가되었다. 그러나 오레스테스는 어머니를 어머니로 알면서도 죽였다. 그럼에도 불구하고 오레스테스는 무죄로 풀려났다. 왜냐하면 어머니는 자식과 아무런 혈연 관계가 없으며 양육자에 불과할 뿐이기 때문이다. 그리스 사회의 부정확한 의학적 지식과 철학적 논의는 가부장제의 지원을 받아 적극적인 논리를 전개할 수 있었다.

아버지 살해의 신화

그러나 사실 '아버지 살해'라는 주제는 이미 바빌로니아 신화에도 등장한다. 본래 그리스 신화에 등장하는 아버지 살해라는 주제는 비그리스적인 근동 지역의 영향을 많이 받아 형성된 것이다. 최초의 모든 것의 부모인 압수와 티아마트는 자식들에게 살해당한다. 그들은 먼저 아버지 신 압수를 죽이고 나중에 어머니 여신 티아마트를 죽인다. 그런데 압수와 티아마트의 운명은 아주 달라진다. 티아마트는 마르둑에 의해 살해당한 후 해부되어 우주를 제작하는 데 사용된다. 물론 티아마트의 몸 자체가 우주를 형성하는 질료가 된다는 점은 중요하다. 그렇지만 티아마트는 이제 영원한 생명력의 원천이 아니라 완전히 생명력을 박탈당한 채로 껍데기만 존재한다. 우주라는 티아마트의 몸은 마르둑이라는 위대한 제작자의 손길에 의해 질서정연하고 조화로운 세계로 탄생하게 되는 것이다. 따라서 티아마트는 우주를 구성하는 재료에 불과하고 마르둑이 우주를 제작하는 원인 혹은 원리로서 작용하는 것이다.

그렇다면 바빌로니아 최초의 아버지 신 압수는 어떠한가? 에아는 압수의 왕권을 박탈하고 살해한 후에 신전을 직접 짓고는 앞으로 모든 신전을 압수라고 부르도록 하였다.[54] 즉 압수는 아들 신들에 의해 살해당한 후 이제 아들 신들로부터 신성시되었다. 이것은 마치 프로이트가 문명의 기원을 설명하면서 최초에 강력한 힘을 발휘하던 아버지에 의해 추방당하였던 아들들이 반란을 일으켜 아버지를 살해하고 먹어치운 후에 아버지를 신격화하였다는 주장과도 일맥상통한다.[55] 사실 바빌로니아 신화에서 아버지 신은 아들 신들과 동일시되고 아들 신들을 통해 계승된다. 따라서 아버지 신은 영원히 죽는 것이 아니라 아들 신을 통해 부활하는 것이라 할 것이다.

실제로 근동 지역과 그리스 지역에 등장하는 아버지 살해와 어머니 살해는 아주 다른 의도와 구조를 가지고 있다. 비록 아버지 신은 아들 신에 의해 살해되지만 아들 신은 아버지 신을 신성한 존재로 규정하거나 혹은 강력한 힘을 부여받은 아들 신으로 거듭나도록 하고 있다. 그래서 아버지 살해의 신화는 남성적인 질서나 체계에 부정적인 방식으로 작용하지는 않았다. 그러나 위대한 어머니 여신 살해와 인간 어머니 살해는 가부장제 사회의 확립과 함께 여성적 가치의 전도와 부정과 밀접한 관계가 있다. 그래서 신화 속에서 위대한 어머니 여신은 별다른 역할을 하지 않거나 혹은 축소된 기능을 유지하게 되며 또는 괴물로 변형되어 살해되는 운명을 겪게 된다. 더욱이 이것은 그리스인들의 전형적인 사유를 대변하는 비극을 통해 어머니 살해에 대해 무죄 판결을 내리는 결론을 수용할 수 있는 토대를 만들어 주게 된다.

신화의 폭력과 소외

근본적으로 원시 신화 속의 위대한 어머니 여신의 탄생으로부터 그리스 신화와 비극에 나타나는 여신의 기능 축소나 괴물 살해 및 어머니 살해라는 주제는 가부장제라는 사회 제도를 통해 남성의 관점으로 판단한 타자로서의 여성에 대한 편협하고 부정적인 시각을 극명하게 드러내고 있다. 우리는 이러한 다양한 논의들을 통해 한 사회의 제도와 문화 및 관습에 의해 인간의 의식과 상상력이 어떠한 방식으로 변형되었는가를 알 수 있다. 사실 우리는 위대한 어머니 신화로부터 아버지 신화로의 변화를 의식의 발전과 더불어 일어난 필연적인 결과로 해석할 수도 있다. 그렇지만 여전히 우리는 '왜 위대한 어머니 신화가 변화되는 과정에서 여신의 단일하고 통합적인 원리가 해체되는가? '과연 위대한 어머니 신화는 위대한 아버지 신화로 변화될 수밖에 없었는가? '왜 여러 신화들 속에 어머니 신과 아버지 신 혹은 아들 신과 딸 신 등이 나타나는가? 또는 '왜 위대한 아버지 신화에는 여신이 존재하지 않는가? 라는 등의 질문을 제기할 수 있다. 이것은 궁극적으로 신화가 인간의 삶의 조건과 분리될 수 없다는 것을 보여 준다.

가장 중요한 문제는 인간이 한 사회 제도와 관습을 통해 경험하는 것들이 초월적인 존재의 세계에 적용되면서 불변하는 가치를 지니게 되는 데 있다. 그것은 때로는 한 사회의 시대적 진리가 갖는 한계와 오류를 절대화할 수 있다. 가령 우리는 가부장제 사회 속에서 경험하는 차별의 문제를 신화 속에서도 발견할 수 있다. 그리스 사회에서 여성은 남성보다 열등한 지위를 가졌다. 그리스 철학자들은 여성을 본성적으로 열등한 존재이자 불완전한 남자로 이해했다. 그러나 이것은 단지 고대 그리스에만 국한되지 않고 현대에 이르기까지 여성에 대한 편견과 선입견으로 작용하였다. 그리스 이후에 수많은 세월 동안 여성이 남성보다 열등하다는 것은 당연시되어버렸다. 결국 이것은 오랫동안 여성에 대한 차별과 억압을 정당화하였다.

나는 여기서 하느님을 '어머니'라 부르자거나 혹은 '새로운' 여신을 찾아내자고 하는 것은 아니다. 위대한 어머니 여신의 역사를 통해 남성과 여성, 아버지와 어머니, 남신과 여신

등을 절대적인 관계로 대립시킬 의도는 전혀 없다. 오히려 서로 조화롭고 평등한 관계라는 것을 강조하기를 바란다. 그래서 우리의 시대가 말하는 신의 역사와는 다른 종류의 여신의 역사를 말하였던 것이다. 신 자체는 여성도 아니고 남성도 아니다. 다만 우리에게 여성성으로 보여지기도 하고 남성성으로 보여지기도 할 뿐이다.

나는 단지 우리의 신화 속에 기호화되어 있는 일그러진 인간의 정신을 반성적으로 고찰해보자는 것이다. 신화는 인간에게 수많은 모습으로 말을 걸고 있다. 우리는 신화를 통해 인간 의식의 역사가 어떻게 변천되어왔는지를 알 수 있다. 신화는 바로 '지금' '여기에서' 우리에게 문을 두드리고 있는 듯하다. 인간은 우리 눈에 비친 왜곡된 신의 모습과 세계관을 갇힌 공간 안에 투영한다. 신화적 상상력이 중요한 이유는 그것이 우리의 닫힌 세계를 열고 나갈 수 있는 통로의 역할을 하기 때문이다. 우리는 분명하고 확실해 보이지만 언제나 닫혀 있는 자신만의 세계를 신화를 통해 무한히 확장시켜 나갈 수 있다. 그리하여 우리로 하여금 좁은 사유의 울타리를 벗어나 진정한 세계의 의미를 탐구하도록 하는 촉매의 구실을 한다.

인류의 역사가 결국 세계를 이해하고자 하는 긴 여정이었다면, 고대에는 세계로 통하는 통로의 역할을 신화가 주로 담당했고, 중세에는 종교가 그리고 현대에는 과학이 그러한 역할을 했다고 볼 수 있을 것이다. 제임스 프레이저(J. Frazer)의

말처럼 다가올 미래에는 지금 우리가 예측하기 힘든 또 다른 학문이 과학의 자리를 대신할지도 모른다. 그래서 인간의 역사를 결승점이 없는 목표에 대한 무한한 도전의 과정으로 보는 것일지도 모르겠다.

주

1) 장영란, 「원시 신화에 나타난 여성의 상징 미학과 자연관」, 『인문학연구』 제3집, 한국외국어대학 인문과학연구소, 1998.

2) 장영란, 「원시 신화 속에 나타난 철학적 사유의 기원과 모델」, 『서양고전학연구』 제12집, 한국서양고전학회, 1998.

3) 장영란, 「원시 신화 속에 나타난 여성의 상징 미학과 여성주의 인식론의 새로운 모델」, 『여성의 몸에 관한 철학적 성찰』, 한국여성철학회 엮음, 철학과 현실사, 2000, p.62.

4) Anne Baring & Jules Cashford, *The Myth of the Goddess: Evolution of an Image*, Arkana, Penguin Books, 1991, p.187.

5) Kramer, S.E., *From the Poetry of Summer*, University of Califonia Press, 1979, pp.27-28.

6) Pritchard, J.B.(ed), *Ancient Near Eastern Texts*, Prinston University Press, 1955, pp.52-57.

7) Anne Baring & Jules Cashford, *ibid.*, p.216.

8) cf. 조철수, 『수메르 신화』, 서해문집, 1996, pp.108-131.

9) cf. Anne Baring & Jules Cashford, *ibid.*, p.224.

10) George Hart, *Egyptian Myths*, 1999, p.60.

11) Pritchard, J.B.(ed), *ibid.*, pp.14-17.

12) M.V. Seton-Williams, "Egypt: Myth and the Reality", *The Feminist Companion to Mythology*, Carolyne Larrington(ed), Pandora, 1992, p.32.

13) Anne Baring & Jules Cashford, *ibid.*, p.240.

14) Anne Baring & Jules Cashford, *ibid.*, p.273.

15) *Enuma Elish*, I, 4. cf. James B. Pritchard(ed), *Ancient Near Eastern Texts*, Princeton University Press, 1955, p.61.

16) Neumann, Erich, *The Great Mother*, Ralph Mannheim(tr), Princeton, N.J., Princeton U.P., 1955, p.213.

17) The Seven Tablets of Creation, I, 3, 4, *The Babylon Legends of the Creation*.

18) Conford, F.M., *Principium Sapientiae: The Origins of Greek Philosophical Thought*, W.K.C. Guthrie(ed), Peter Smith. 1971.

19) *Enuma Elish* I, 4-6.

20) *Enuma Elish* I, 32ff.

21) *Enuma Elish* I, 69, 70.

22) *Enuma Elish* I, 147.

23) *Enuma Elish* IV, 93ff.

24) *Enuma Elish* I, 129-140.

25) *Enuma Elish* IV, 1-8; 33.

26) Erich mann, *The Great Mother*, p.214.

27) Hesiodos, *Theogonia*, 154ff.

28) Hesiodos, *ibid.*, 617-731.; 820-868.

29) Hesiodos, *ibid.*, 139-146.; 501-506.

30) Kerenyi, *The Gods of the Greeks*, Thames and Hudson, 1951, p.28.

31) Kerenyi, *ibid.*, p.29, cf. Ovidius, *Amores*, 2, I, II.

32) Kerenyi, *ibid.*, p.29.

33) cf. Pomroy, S.B., *ibid.*, 1994, p.8.

34) cf. Homeros, *Ilias*, 1, 399ff; 15, 18-22

35) 장영란, 『신화 속의 여성, 여성 속의 신화』, 문예, 2001, pp.27-48.

36) cf. Aeschylos, *Eumenides*, 734-740.

37) cf. Pomroy, S.B., *Goddesses, Whores, Wives and Slaves*, Pimlico, 1994, p.13.

38) 장영란, 「원시신화에 나타난 여성의 상징미학과 자연관」, 『인문학연구』 제3집, 한국외국어대학교 인문과학연구소, 1998. pp.78-85.

39) cf. Kerenyi, *ibid.*, p.38.

40) 장영란, 『신화속의 여성, 여성속의 신화』, 문예, 2001, pp.303-315.

41) Harrison, J.E., *Prolegomena to the Study of Greek Religion*, London, Merlin Press, 1980, p.209.

42) Aeschylos, *Hepta epi Tebas*, 539.

43) Harrison, J. E., *ibid.*, p.178.

44) Graves, *ibid.*, 48.c; 158.a,d; cf. scholiast on Homer's Odyssey 14, 533; Apollodorus, iii, 15, 3.

45) cf. Neumann, *The Great Mother*, p.147-148.

46) Homeros, *Odysseia*, II, 11ff.

47) Aeschylos, *Eumenides*, 656-657.

48) Daryl McGowoan Tress, "The Metaphysical Science of Aristotle's Generation of Animals and Its Feminist Critics", *Feminism and Ancient Philosophy*, Julie K. Ward(ed), Routledge, 1996, p.37.

49) Aeschylos, *ibid.*, 734-740.

50) Hesiodos, *Theogonia*, 886ff.

51) 구석기와 신석기 시대의 위대한 어머니 여신들이 대개 처녀 생식으로 자식들을 낳는 경우에 비해 철기시대의 그리스 신화의 경우에는 처녀 생식으로 자식을 낳는 여신들이 많지 않다. 가령 올림포스 신화의 경우에는 대지의 여신 가이아(Gaia)와 제우스의 아내 헤라(Hera)가 있고, 오르페우스 신화에는 밤의 여신 뉙스(Nyx) 등에 한정되어 있다.

52) 장영란, *ibid.*, pp.157-180.

53) Platon, *Nomoi*, 872ff.

54) cf. Iris Furlong, "The Mythology of the Ancient Near East", *The Feminist Companion to Mythology*, Carolyne Larrington(ed), Pandora, 1992, p.6.

55) 프로이트, 이윤기 옮김, 「토템과 타부」, 『종교의 기원』, 열린 책들, 1997, pp.403-406.

참고문헌

장영란, 『신화 속의 여성, 여성 속의 신화』, 문예출판사, 2001.

──, 「원시 신화에 나타난 철학적 사유의 기원과 모델」, 『서양 고전학연구』 12집, 한국서양고전학회, 1998.

──, 「원시신화에 나타난 여성의 상징 미학과 자연관」, 『인문학 연구』 3집, 한국외국어대학교, 1998.

조철수, 『수메르 신화』, 서해문집, 1996.

──, 『메소포타미아와 히브리 신화』, 길, 2000.

Aeschylus, *Agamemnon*, ed. with a Commentary by Eduad Fraenkel in 3 vols., Oxford, 1950.

──, *Coephoroi*, ed. with Introduction and Notes by Sidgwick, Oxford, 1952.

──, *Eumenides*, A.H. Sommerstein, Cambridge University Press, 1989.

──, *Prometheus Bound*, M. Griffith(ed), Cambridge University Press, 1983.

──, 천병희 옮김, 『아이스퀼로스 비극』, 단국대학교 출판부, 1998.

Baring Anne & Cashford Jules, *The Myth of the Goddess: Evolution of an Image*, Arkana, Penguin Books, 1991.

Burkert, Walter, *Greek Religion*, Basil Blackwell, 1985.

Cambell, Joseph, 이윤기 옮김, 『세계 영웅 신화』, 대원사, 1989.

Downing, Christine, *The Goddess: Mythological Images of the Feminine*, New York, Crossroad Publishing Co., 1984.

Edmunds, L.(ed), *Approaches to Greek Myth*, The Johns Hopkins U.P., 1990.

Eliade, M., 정진홍 옮김, 『우주와 역사 ; 영원 회귀의 신화』, 현대사상사, 1976.

──, 이재실 옮김, 『이미지와 상징』, 까치, 1998.

Engelsman, John C., *The Feminine Dimension of the Devine*, Phila-
delphia, Westminster Press, 1978~85.

Frazer, J.G., 장병길 옮김, 『황금가지』1, 2권, 삼성출판사, 1990.

Furlong, Iris, "The Mythology of the Ancient Near East", *The Feminist
Companion to Mythology*, Carolyne Larrington(ed), Pandora, 1992.

Gimbutas, Marija, *The Goddesses and Gods of Old Europe*, Thames and
Hudson, 1982.

――, *The Language of The Goddess*, Harper Collins, 1991.

Guthrie, W.K.C., *Orpheus and Greek Religion*, Princeton University
Press, 1993.

――, *The Greeks and Their Gods*, Methen & Co. LTD., 1949.

Harrison, J.E., *Prolegomena to the Study of Greek Religion*, London, Merlin
Press, 1980.

Hart, George, *Egyptian Myths*, 1999.

Hesiod, *Theogony*, ed. with Prolegomena and Commentary by M.L.
West, Clarendon Press, 1966.

Homeros, *Homeri Opera*, T.W. Allen(rec), III-IV, Oxford, 1917~
1919.

――, 천병희 옮김, 『오뒤세이아』, 단국대학교 출판부, 1996.

――, Homeri Opera, T.W. Allen(rec), I-II, Oxford, 1956.

――, 천병희 옮김, 『일리아스』, 단국대학교 출판부, 1996.

Kerenyi, Karl, *The Heroes of The Greeks*, Thames and Hudson, 1959.

――, 장영란 옮김, 『그리스 신화 : 신들의 시대』, 궁리, 2002.

Kirk, G.S., *The Nature of Greek Myths*, Penguin Books, 1974.

Kramer, S.E., *From the Poetry of Summer*, University of Califonia Press,
1979.

Leftkowitz, M.R., *Women in Greek Myth, Duckworth.*, 1986.

Moret, Alexandre, *The Nile and Egyptian Civilization*, Routledge &
Kegan Paul, 1927.

Neumann, Erich, *The Great Mother*, Ralph Mannheim(tr), Princeton,

N.J., Princeton U.P., 1955.

———, *The Origins and History of Consciousness*, R.F.C. Hull(tr), Princrtin, N.J. Princeton U.P., 1970.

Nilsson, M.P., *The Mycenaean Origin and Greek Mythology*, California U.P., 1972.

Onians, R.B., *The Origins of European Thought*, Cambridge University Press, 1954.

Otto, F. Walter, *The Homeric Gods*, Ayer Commpany Publishers, Inc., 1979.

Penglase, Charles, *Greek Myths and Mesopotamia*, Routledge & Kegan Paul, 1994.

Plato, *The Republic of Plato*, James Adam(ed), Cambridge University Press, 1902.

———, 박종현 옮김, 『국가』, 서광사, 1997.

———, *Plato's Phaedrus*, Cambridge University Press, 1952.

———, *Plato's Cosmology: The Timaeus of Plato*, Cornford, Francis MacDonald(tr), Routledge & Kegan Paul, 1937.

———, 박종현·김영규 옮김, 『플라톤의 티마이오스』, 서광사, 2000.

Pomeroy, S.B., *Goddess, Whores, Wives and Slaves: Women in Classical Antiquity*, Pimlico, 1975.

Pritchard, J.B.(ed), *Ancient Near Eastern Texts*, Prinston University Press, 1955.

Sjoo, Monica·Mor, Barbara, *The Great Cosmic Mother*, Harper Collins, 1991.

Solmsen, F., *Hesiod and Aeschylos*, Cornell University Press, 1949.

Sophocles, *Antigone*, ed. with a Commentary by R. *Jebb*, Cambridge University Press, 1959.

———, *Oedipus Tyrannus*, ed. with Introduction and Notes, by R. Jebb, Cambridge University Press, 1958.

———, *Oedipus Colonus*, ed. with Introduction and Notes, by R. Jebb,

Cambridge University Press, 1955.

——, *Electra*, ed. with a Commentary by R. Jebb, Cambridge Univer- sity Press, 1952.

——, 천병희 옮김, 『소포클레스 비극』, 단국대학교 출판부, 1998.

Vernant, J.P., *Myth and Thought among the Greeks*, Routledge & Kegan Paul, 1983.

Winnington-Ingram, R.P., "Clytemnestra and the Vote of Athena", *Oxford Readings in Greek Tragedy*, Erich Segal(ed), Oxford University Press, 1983.

——, *Sophocles: An interpretation*, Cambridge University Press, 1980.

큰글자 살림지식총서 112

사라진 여신들의 역사 **위대한 어머니 여신**

펴낸날	초판 1쇄 2015년 5월 28일

지은이	장영란
펴낸이	심만수
펴낸곳	(주)살림출판사
출판등록	1989년 11월 1일 제9-210호

주소	경기도 파주시 광인사길 30
전화	031-955-1350 팩스 031-624-1356
기획·편집	031-955-4671
홈페이지	http://www.sallimbooks.com
이메일	book@sallimbooks.com

ISBN	978-89-522-3127-7 04080

※ 이 책은 큰 글자가 읽기 편한 독자들을 위해
   글자 크기 15포인트, 4×6배판으로 제작되었습니다.